美股投資
大週期

從關稅、美債、升降息到 AI 浪潮，
解讀川普 2.0 時代的致富訊號

成尚泫 성상현 著　呂昀蔚 譯

미국투자 메가 사이클
불확실성을 뛰어넘는 트럼프 2.0 시대 부의 시그널

投資最重要的，從來不是一開始投入多少，
而是能不能持之以恆、穩定走下去。

―― 成尚泫

目次

各界推薦   9
台灣版作者序   美國主導的下一波經濟趨勢三本柱   11
序言   未來十年的最大財富轉折起點   19

第一部
堅韌不拔的美國經濟

第 1 章   陷入「流動性陷阱」的美國   25
第 2 章   美國通膨的本質   37
第 3 章   美債真的岌岌可危？   47
第 4 章   美國經濟為何屹立不搖？   59

第二部
美國計劃經濟起步

第 5 章   政府角色日益重要   77
第 6 章   歷史上，政府如何主導經濟發展   83
第 7 章   美國經濟政策的轉變   93

第三部
美國製造對全球經濟的影響

第 8 章　美國的製造回流與本地化　　103

第 9 章　美國製造業復興　　111

第 10 章　製造回流與保護主義的兩難　　119

第四部
美國能否再次偉大？

第 11 章　世界最強的國家──美國　　127

第 12 章　美國如何維持霸權地位？　　133

第 13 章　AI 時代的霸權之爭　　143

第 14 章　川普 2.0，延續美國優先主義　　155

第 15 章　美債的政治任務？　　161

第五部
通膨與債券投資

第 16 章	原物料與高科技產業對物價的影響	173
第 17 章	物價上漲背後的深層意義	181
第 18 章	美國政府的隱藏策略：利率與通膨	193
第 19 章	美國國債的發行戰略	203

第六部
美國股市：上漲之門，還是調整之路？

第 20 章	維持美國霸權的財政戰略	215
第 21 章	美國是否會迎來經濟衰退？	225
第 22 章	從流動性角度看市場趨勢	235
第 23 章	AI 產業如何估價？	267
第 24 章	實體經濟低迷，股市能否繼續上漲？	275

第七部
全球流動性將如何重塑?

第 25 章	美國的長期經濟戰略	289
第 26 章	高通膨時代的資產投資策略	293
第 27 章	美國經濟政策對全球經濟的影響	297
第 28 章	掌握時機與市場週期至關重要	301
第 29 章	美國的全球地位與霸權能維持多久?	305
第 30 章	美國政府主導的計劃經濟與變革時代	311
第 31 章	美債問題與全球經濟未來	317

後記　站上新經濟秩序的轉捩點　　　　　　　　　　329

各界推薦

　　成尚泫先生在總體經濟領域擁有獨到且脈絡清晰的洞見，透過YouTube、部落格等平台持續擴展他的影響力。他對美國經濟、聯準會（Fed）的貨幣政策機制，以及流動性議題的深入研究，與我長年關注的方向有高度交集，因此我們在交流觀點的過程中，也一同成長。

　　在某次機緣下，我得以親身體驗成尚泫先生的風采，這兩年的對話因此顯得格外珍貴。我深信，他在本書中所展現的獨到視角與深度解析，將為讀者帶來全新洞見。

——「One's經濟」代表、韓國知名財經部落客　崔成源

　　COVID-19後的市場體制，正式邁入「政治與地緣政治主導的時代」。從政府的財政政策，到美中霸權競爭這一主軸，無不對市場產生強大影響力。其中最具代表性的例子，就是儘管美國的長短期利率倒掛已經持續超過兩年，經濟卻仍展現出極為強韌的表現。

在這樣一個全新的時代，理解作為超級強權的美國，其背後的核心思維，是我們未來十年掌握市場趨勢、成功布局投資的必要知識。正是在這樣的脈絡下，我認為成尚泫先生所著的《美股投資大週期》，是一本極為難得的好書。它從總體的視角出發，幫助我們正確理解美國經濟、AI發展與全球投資版圖。希望投資人都能藉由閱讀此書，在變化不斷的全球格局中，守住自己的資產與財富。

——NeuroFusion 公司執行長　崔漢喆
（華爾街大叔，韓國知名財經專家）

台灣版作者序

美國主導的
下一波經濟趨勢三本柱

「政府沒錢可花才要舉債」這是多數人的思考邏輯，但現在可能要重新檢視這個論述。過去，我們習慣用「家庭收支帳本」的邏輯來理解政府預算：先收稅、再發行國債籌資，最後在既有的資金框架內小心翼翼地安排支出。在這樣的思維模式裡，政府必須努力維持「財政盈餘」才能被視為「健全」，只要一出現赤字，社會就會立刻響起警鈴，把它當作國家財政陷入危機的警訊。

然而，現實的運作邏輯完全不同。特別是像美國這樣擁有貨幣主權的國家，政府是唯一能發行本國貨幣的主體，因此整體經濟的循環其實是先花錢，才帶來收入。當政府把資

金投入市場，民間部門的生產、就業、收入、消費活動才會被帶動起來，而由此產生的經濟活動，才進一步轉換為稅收。換句話說，政府赤字並不等於財政失控，相反地，這更可能代表民間部門的淨資產正在增加。

美國政府調升舉債上限，升息緊跟在後？

許多人談到國家債務時，總是先想到「加稅」或「縮減政府支出」，彷彿這是唯一的解方。但事實上，真正的關鍵在於經濟成長，更精確地說，是提升整體生產力。

近期市場上的一個重大變化，也再次驗證了這個觀點：以穩定幣（Stablecoin）為基礎的流動性機制，正悄悄改寫全球資金運作的方式，並重新定義國家財政、資本市場與實體經濟之間的關係。

美國政府在「大而美法案」（*OBBBA*）下，預計調升約 5 兆美元的債務上限，並計畫額外發行超過 1 兆美元的短期國債（T-Bills）。按照一般市場邏輯，如此龐大的融資計畫，理應引發市場對短債供給過量、利率可能飆升的擔憂；然而，實際情況卻截然不同——美國公債市場的利率依然保

持意外的穩定。為什麼會這樣？關鍵因素之一在於，一種以穩定幣為核心的新型流動性管道，正在改變美債市場的資金供需結構。

目前，全球流通的穩定幣資金，有高達 80％ 至 90％ 投入美國短期國債。像泰達（Tether）、Circle 等主要穩定幣發行商，現已累積數千億美元規模的儲備資產，其中相當大比例直接配置於美國財政部發行的短期國債。

換句話說，這些穩定幣發行商，早已不再只是單純的金融科技公司。它們正在成為美國政府短期資金籌措的關鍵需求方，在全球美元流動性供應鏈中的地位也日益重要。更有研究顯示，當 Tether 市場占比上升 1.6 個百分點時，美國短期國債殖利率可望下跌約 14～16 個基點（bp）。這個數據背後的意涵極為關鍵：穩定幣不再只是數位資產，而是能夠直接影響市場利率的「結構性行為者」。

全球流動性才是關鍵指標

這個現金流的轉變，可能進一步促使美國政府降低長期國債（T-Bonds）的發行比例，形成一種近似於聯準會直

接購買公債的「類量化寬鬆（Quantitative Easing, QE）」效果。換句話說，當民間資金自動湧入美國短期國債市場，不僅為市場提供了充足的流動性，也因長天期國債發行量下降，進一步壓低整體利率負擔，最終形成一種「民間驅動的QE」。

更值得注意的是，這並非僅發生在美國境內，而是透過全球投資人參與所引發的「國際流動性再分配（Global Liquidity Redistribution）」現象。例如，當新興市場的個人投資人購買穩定幣時，這些資金會經由國際往來銀行（Correspondent Banks）匯入美國託管銀行，並最終在聯準會的準備金結算系統內，完成帳戶間資金移轉。

這條資金路徑，使得美元大量回流美國，強化了美國市場的資金流動性，同時改變了全球資金的分布邏輯，讓美國在國際金融體系中的影響力更為深遠。

在這個過程中，美國國內的總體流動性規模並未改變，但準備金的位置正在被重新分配。對美國而言，這意味著透過民間資金就能穩定支持美債需求。更值得一提的是，全球大多數透過 SWIFT 系統進行的國際資金轉移，本質上同樣依賴這套國際往來銀行網路，這使得美國可藉此持續鞏固美元在全球資本市場的主導地位。

穩定幣、全球流動性與美國政府的財政策略

換句話說，我們正面對一個關鍵問題：「究竟誰才是全球流動性的核心供應者？」是聯準會？美國財政部？還是技術與加密貨幣生態系統？答案是：三者兼具，而且它們之間的界線，正被一種全新的政治經濟機制徹底打破。

過去，央行、財政部與市場三者各自為政，運作邏輯分立。但如今，貨幣、財政與技術的界線正逐漸模糊，彼此交織出一套全新的全球流動性秩序。在這樣的時代框架下，真正該問的問題，不再是「政府花了多少錢」，而是「這筆錢究竟拯救了誰」。

換言之，債務實際上是工具，而赤字更不是恐懼的來源；相反地，它可能是推動社會投資、累積未來資產的重要契機。尤其當經濟陷入低迷、民間部門同時縮減消費與投資時，如果政府再選擇財政緊縮，將等於抽走經濟最後的支撐，讓整體需求基礎徹底崩塌。

此刻，我們需要的並不是帳面上漂亮的收支平衡，而是以人為本的政策設計與結構性的制度創新。正因如此，穩定幣的發展、全球流動性機制的重構，以及政府財政戰略，三

者其實早已緊密相連，共同組成未來經濟運作的核心軸線。

投資人如何跟著美國經濟一起再次偉大？

要達到這一切，光靠技術創新並不夠，更重要的是重新定義國家的經濟思維與貨幣主權（Monetary Sovereignty）。既然政府握有發行本國貨幣的權力，真正的核心問題只有一個：「這筆錢該投向哪些領域？」此時的美國，正同時面臨通膨壓力、高利率環境與財政負擔三重挑戰，再度被推到一個關鍵的政策分歧點上：為了降低債務，我們願意犧牲什麼？又有哪些領域是必須加大投入的？

我認為，答案不在財政緊縮，而在於提升生產力。與其陷入短期緊縮政策與減稅競爭的惡性循環，不如著重於提高生產效率，推動 GDP 的質化成長。唯有如此，美國才能在兼顧財政長期可持續性的同時，持續維持其在全球經濟體系中的領導地位。

在這場以資金流動性為核心的全球競賽中，貨幣、財政與技術早已不再各自為政，而是彼此交織、相互牽動。

當穩定幣資金成為驅動美債市場的新力量,當政府財政戰略必須重新定義支出優先順序,當全球流動性秩序逐漸被重寫,我們所面對的問題已不只是如何管理「赤字」,更是如何重新思考資金分配、經濟增長與社會投資三者的平衡。

未來的挑戰,不在於「錢夠不夠」,而在於這些錢是否被用在能驅動生產力、擴大社會資本、強化長期競爭力的地方。對政策制定者而言,這是一場考驗決斷力與想像力的戰役;對投資人而言,這更是一場,必須重新理解市場結構與資金邏輯的革命。

序言

未來十年的
最大財富轉折起點

在這個高度複雜的經濟環境中，想要成為成功的投資人，已經不再只是挑對個股或選對時機，就能靠複利效應發揮魔法，持續獲利。如今大環境中頻繁發生的重大事件，或地緣關係的暗中角力，都可能成為左右投資人獲利的變因。因此對投資人來說，更重要的是，能否正確理解與解讀隱藏於事件背後的總體經濟變數。透過這本書，我希望能將自己在歷史與經濟理論中累積的經驗與學養、獲得的洞察，分享給每一位讀者。本書的核心目標，結合學術理論與實務經驗，用清晰簡潔的方式，解釋經濟與金融體系的運作邏輯。

不同學者的觀點，可以幫助我拓展視野、深化理解。

從奧地利經濟學家卡爾・博蘭尼（Karl Polanyi）的《鉅變》（*The Great Transformation*）中，所描繪的「社會與市場互動關係」、當代經濟學家史蒂芬妮・凱爾頓（Stephanie Kelton）教授在《赤字迷思》（*The Deficit Myth*）一書中提出的現代貨幣理論（Modern Monetary Theory, MMT），展現對貨幣本質的全新詮釋，到全球宏觀策略投資專家羅素・納皮爾（Russell Napier）從歷史中提煉出的深刻分析——這些都構成本書堅實的理論基礎。

此外，金融市場的兩大傳奇人物橋水基金創辦人瑞・達利歐（Ray Dalio）與對沖大師史丹利・德魯肯米勒（Stanley Druckenmiller），《國家為何會失敗》（*Why Nations Fail*）作者戴倫・艾塞默魯（Daron Acemoglu）與詹姆斯・羅賓森（James A. Robinson）的政治經濟視角，以及 One's 經濟代表崔成源與 NeuroFusion 公司執行長崔漢喆（華爾街大叔）所帶來的市場觀點，都進一步深化了我對金融市場與總體經濟的理解。

本書架構圍繞歷史事件展開。從世界大戰、工業革命、金本位制度、布雷頓森林體系（Bretton Woods system）[1] 到尼克森衝擊，這些轉折點構成了帝國崛起與衰敗的軌跡，也深

---

1 譯按：第二次世界大戰後以美元為中心的國際貨幣體系協定。

刻影響了當今的經濟體制。我希望讀者能從這些歷史脈絡中，理解現在的真相，並獲得更清晰的判斷力與投資視角。

在內容安排上，本書結合了我對經濟指標與市場流動性的觀察，實際分析股市與債市的趨勢預測。同時，我也分享了自己在投資歷程中，反覆思索與淬鍊出的策略與體悟，目的是幫助讀者在複雜多變的經濟波動中，依然能擘畫出屬於自己的「大局觀」。

我期許這本書不只是傳遞知識，更能成為推動你投資思維升級的助力。讓你用更具策略性、系統性的方式，理解經濟與金融運作邏輯，並在每一次的投資選擇中，都能更有信心、更具方向感地前進。

第一部

堅韌不拔的美國經濟

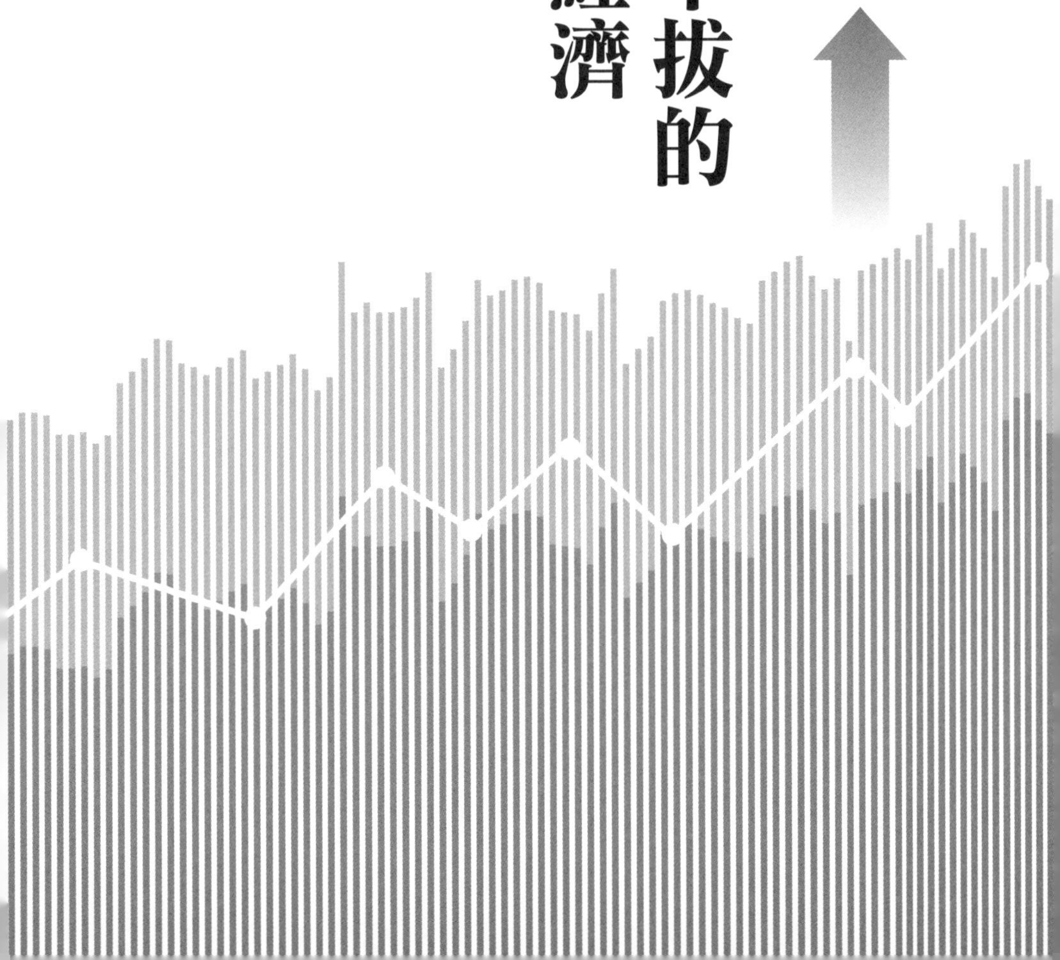

第 1 章

陷入「流動性陷阱」
的美國

受困於流動性陷阱的美國經濟

自 1980 年代以來，雖然美國聯準會的利率曾多次調整，但整體來看仍呈現長期走低的趨勢。這樣的變化，讓美國經濟逐漸陷入了所謂的「流動性陷阱（Liquidity Trap）」。

所謂「流動性陷阱」指的是當利率已接近零，但民眾仍選擇持有現金、不願消費或投資，造成市場資金無法流動，即使貨幣政策持續寬鬆，也難以對經濟產生實質刺激。

與此相關的一個重要概念便是「貨幣乘數」（Money Multiplier）。貨幣乘數是指中央銀行釋出的基礎貨幣，在銀行體系中經過放貸與存款的循環，最終能創造出多少貨幣供應量。簡單說，就是銀行把錢借給民眾，這筆錢再被存入銀行，銀行又拿著這筆錢，放貸給下一位有貸款需求的客戶，這樣一層層增加的過程，所對應的數值就是貨幣乘數。

但在流動性陷阱的情況下，人們傾向將錢握在手上，銀行的放貸活動便明顯萎縮。結果就是貨幣乘數下滑，即使中央銀行拚命印鈔、釋出資金，這些錢也難以有效滲透到實體經濟中。

因此，貨幣乘數成為一個重要指標，用來觀察央行「擴

張性貨幣政策」的實際效果有多大。

這幾年來，即便政府不斷加大財政與貨幣刺激，資金流入最多的是資產市場，而非實體經濟。結果非常直接：資產價格明顯上升。

造成這種現象的背後原因之一，是貧富差距的擴大。當貧富差距加劇時，社會整體的「邊際消費傾向」（Marginal Propensity to Consume, MPC）就會下降。

所謂邊際消費傾向，是指當收入增加時，用來作為消費的比例。收入愈低的人，愈傾向於把額外收入用在生活消費；但對於高所得者而言，即使收入增加，也大多用於儲蓄或投資。

結果就是整體社會的消費力逐漸下滑，總體需求萎縮，最後引發經濟衰退的壓力。

那麼，當貨幣乘數偏低、經濟又步入衰退時，美國政府與聯準會會怎麼做？答案是：再度向市場注入基礎貨幣，試圖將流動性導入市場，維持經濟運作。

出乎預期！維持成長動能的美國經濟

如大家記得的，在 COVID-19 疫情期間，美國政府曾大規模釋出基礎貨幣。這背後原因，正是因為當時的貨幣乘數大幅下滑。

然而，當現金直接發放到個人手中時，市場對通膨的擔憂快速升溫。雪上加霜的是，供應鏈在當時也遭到嚴重擾亂，導致商品價格飆升。

為了抑制這樣的需求壓力，聯準會自 2022 年起不只升息，同時開始啟用「逆回購操作」（Reverse Repo, RRP，或稱為「再賣回協議」）。

所謂逆回購是指聯準會將國債等安全資產，提供給金融機構作為抵押品，並從他們手中回收現金。金融機構則可以將閒置資金短暫存放在聯準會，並獲得固定利息。這樣一來，聯準會就能有效吸收市場上過度的流動性（關於逆回購與流動性收縮〔Liquidity Contraction〕[2] 的詳細機制，後文會再進一步說明）。

此舉導致資產價格再次大幅下修。2022 年上半年，美

2　譯按：指市場上可用資金因政策或信貸條件收緊而減少的現象，可能導致借貸成本上升與資產價格下跌。

美國每季經濟成長率變化

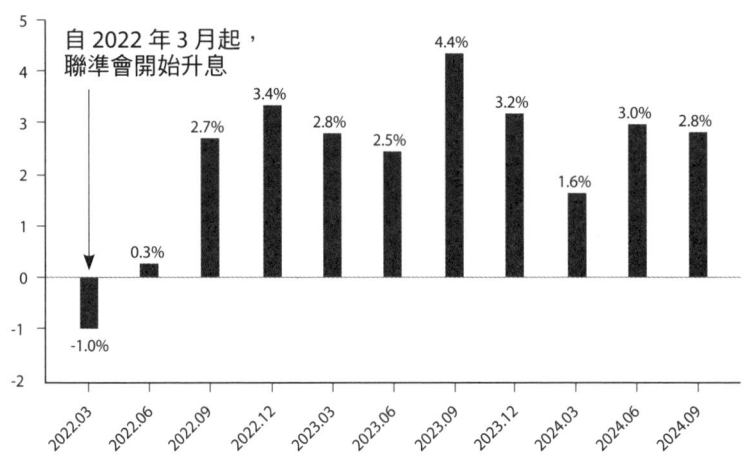

資料來源：彭博社（Bloomberg）。

國消費者物價指數（Consumer Price Index, CPI）一度衝上9.1％的高點，當時包括我在內的多數市場參與者，都擔心2023年美國經濟恐怕會陷入衰退。但出人意料的是，2023年的美股表現相當強勁。儘管聯準會持續緊縮貨幣政策，美國的OECD領先經濟指標（OECD Composite Leading Indicators, CLI）卻開始逆轉向上。

時至今日，美國經濟依然維持住成長動能，並未出現明顯放緩。當初聯準會與多位專家預測，升息對消費與企業投資的抑制效果，通常會有一到一年半的時滯才會顯現。

然而，這樣的預測最終並未成真。事實上，美國 2024 年第二季 GDP 成長率高達 3.0％，第三季也繳出 2.8％的好成績，整體經濟依舊維持在穩健成長的軌道上。後來才發現，美國政府正透過一種突破傳統框架的新方式，持續對市場注入流動性。

調控「貨幣流通速度」，非單純擴張貨幣供給

2023 年，美國財政部長珍妮特・葉倫（Janet Yellen）為了向市場注入流動性，提出與其增加貨幣總量，不如提升貨幣流通速度的政策方向。

葉倫部長的構想，是活用被鎖定在對沖基金與逆回購市場中的流動性資金，來籌措國債發行所需的資金，並將這筆資金配置到政府扶植的關鍵產業中。

透過這樣的設計，政府一方面能穩定地補足財政赤字，另一方面能維持國債市場的穩定運作，進一步為政府主導的策略性產業，奠定高成長動能的基礎。

一般來說，當政府為了填補財政赤字而發行國債時，這

些國債會被民間投資人或金融機構購買。換句話說，資金會從民間部門流向政府部門，也就是從民間銀行的準備金帳戶劃撥至政府帳戶。

這筆透過國債籌措到的資金，政府會運用於政策上的支出與分配，這時候這些資金又會再流回民間銀行的準備金帳戶。

也就是說，整體準備金帳戶的總量其實沒有產生變化。當民間認購國債時，也不會直接改變經濟體系內的總體貨幣量。

當然，由於政府財政支出的乘數效果，最終有可能促使銀行放貸增加，進而間接推升廣義貨幣供給量（M2）[3]。M2 是衡量市場貨幣供給量的重要指標之一，反映經濟體中實際流通的貨幣範圍。

但關鍵在於，我們常以為「政府赤字會導致市面上錢變多」，這在現實中並不完全正確。政府的財政赤字本身，不會直接擴大貨幣供給量，只是將資金從 A 群體轉移到 B 群體的「資金再分配」過程而已。

3　譯按：涵蓋了現金、活期存款、定期存款等，是判斷市場資金寬鬆與否的重要指標。當 M2 快速成長，代表資金氾濫、熱錢湧現，通常對資產市場具有推升效果。

然而，若是聯準會直接買入國債，情況就不同了。此時，聯準會的資產帳戶上會增加國債項目，而商業銀行的準備金帳戶則會相應增加資金。

透過這樣的機制，政府就能取得所需資金，而市場上的基礎貨幣供給也會相對擴張。

投資時留意「準備金」變化

在投資決策上，我始終將「流動性」視為極其關鍵的因素。而在整個流動性架構的核心，就屬「支付準備金」（Reserves）[4] 最為重要。

銀行透過放貸行為創造信用，進而對金融市場與實體經濟提供流動性。由於在市場上流通的大部分資金，都是透過銀行體系供給的，因此，了解銀行是否具備提供流動性的能力，顯得格外重要。而衡量這件事的核心指標，就是支付準備金的變動情況。

當準備金增加，代表銀行正在擴大放貸，或有能力在未

---

[4] 譯按：指的是商業銀行存放在中央銀行帳戶裡的資金，這筆錢不能隨便拿來投資或放貸，是為了應付客戶提款需求或法定要求而預留的資金。

來持續增加放貸。特別是自 COVID-19 疫情以來，準備金與股市走勢之間的關聯性極高。因此，根據聯準會的準備金變化預測股市方向，是非常具有參考價值的分析方法。

那麼，我們該如何理解美國商業銀行的流動性變化呢？其中一個方式就是分析聯準會的資產負債表（B/S）。

聯準會的資產負債表，具備「資產總額＝負債總額」的恆等式結構，因此，我們可以藉由掌握其中幾個主要項目的變化，推算準備金的變動情形。簡化後的計算公式如下：

> △ 準備金＝ △ SOMA 帳戶（公開市場操作帳戶）
> ＋△ 貸款餘額（流動性支援工具）
> －△ 逆回購餘額
> －△ 財政部 TGA（Treasury General Account）帳戶餘額

透過這個公式，我們可以具體了解各個項目是如何影響準備金的支付。其中，「SOMA 帳戶」是聯準會用來管理其持有證券的帳戶，包含在市場動盪時為了供給流動性而購買的資產。

當 SOMA 帳戶餘額上升，表示聯準會正在透過購債向市場提供流動性；反之，若帳戶餘額下降，則表示聯準會正

在賣出資產、回收市場流動性。

截至 2022 年 3 月為止，聯準會仍持續透過量化寬鬆（QE）擴張資產負債表；但自 2022 年 6 月起，政策開始轉向量化緊縮（QT），SOMA 帳戶也隨之進入縮表階段，持續減少中。

此外，聯準會也透過貸款窗口，例如貼現窗口、銀行定期融資計劃（Bank Term Funding Program, BTFP）等，對銀行提供緊急資金。當「貸款餘額」增加，代表聯準會正在向銀行提供流動性；反之，若貸款餘額下降，則說明銀行已開始償還貸款、流動性正在回收。

至於「逆回購餘額」（Reverse Repo Balance），則是貨幣市場基金（MMF）或金融機構將短期資金存入聯準會，並獲得利息回報的操作方式。資金存入逆回購愈多，市場上的流動性就愈少。

從 2022 年至 2023 年第一季，聯準會透過逆回購機制，有效吸收市場上的過剩流動性。但自 2023 年第二季起至 2024 年第四季為止，逆回購餘額大幅下滑，顯示政策方向已轉變為釋放流動性回市場。

美國財政部在聯準會開設的「TGA 帳戶」——會反映所有財政收入與支出的帳戶。當財政部透過發行國債或徵稅

等方式籌措資金時，TGA 的餘額會增加，這代表市面上的流動性遭到回收。相反地，當財政部進行支出時，TGA 餘額會減少，等於是向市場注入流動性。

根據上述的恆等式，如果其他條件不變，那麼當聯準會的 SOMA 帳戶或貸款餘額增加時，準備金也會跟著上升；而當逆回購餘額或財政部的 TGA 餘額增加時，準備金則會減少。換句話說，銀行的準備金是由聯準會、財政部，以及其他金融機構的策略性決策所持續調整的結果。

透過這樣的資產負債表恆等式，我們得以從更宏觀的視角，分析銀行體系的流動性狀況，這是一項有助於理解整體經濟與金融市場的重要工具。

不過，準備金在未來是否仍會是預測股市的重要指標？答案是否定的。以我個人看法來說，如果聯準會結束量化緊縮政策，那麼準備金的變動就不再能作為資產市場的參考依據，因為在此之後，準備金本身將不再產生明顯變化。

換言之，在量化緊縮結束後，投資人應該轉而關注其他形式的流動性，這些才會對資產市場產生實質影響。

儘管如此，截至本書出版的時間點（2025 年初），我認為量化緊縮仍在持續進行。因此，對於準備金變化的監測，依舊不可掉以輕心。

更何況，在 2025 年 1 月 1 日，還有一項極為重要的事件即將發生：美國政府的舉債上限（Debt Ceiling）協商。

我不認為這場協商會立即完成，但一旦談判達成共識，美國財政部勢必會大規模發行國債。透過國債籌措的這筆資金，將會回流至財政部的現金帳戶。

這樣的流動性收縮雖是短暫的，但規模將十分可觀，代表的是一次突發性的緊縮效應。

因此，在 2025 年上半年美國政府完成債限協議前，來自財政部現金帳戶的資金，將會不斷釋出至市場。我判斷，這將可能推升股市進一步走高。不過，還是希望你能意識到：流動性緊縮可能隨時發生。

為了降低害怕錯過行情（fear of missing out, FOMO）或市場不確定性所帶來的焦慮，我建議採取保留一定部位的資產配置，同時持有部分現金的投資策略。

尤其在波動加劇的市場環境中，保留一定比例的現金部位，能讓你在更有利的價格區間建立投資組合，這不僅有助於放大潛在報酬機會，同時能在心理層面上為你建立起足夠的安全邊際（Safety Margin）。

第 **2** 章

美國通膨的本質

通膨接下來會如何發展？

我們常說，通膨是貨幣現象。但若把時間拉回到 2008 年金融海嘯之後的量化寬鬆時期來看，你會發現，聯準會與金融機構透過擴大貨幣供給，並沒有引發明顯的通貨膨脹，反而推升了資產市場的價格。

這件事揭示了一個關鍵：流動性其實沒有真正流向實體經濟，而是集中在資產領域，引爆了股票、房地產等市場的結構性上漲。

但到了 COVID-19 疫情爆發後情況生變。政府首度對全民發放現金，規模空前。當時，聯準會主席鮑爾（Jerome Powell）曾預測這波通膨只是「暫時現象」。然而從 2022 年 3 月開始，通膨卻開始明顯飆升，打臉了主流預測。

到了 2022 年下半年，雖然物價出現降溫的訊號，但部分經濟學家仍擔心會二度爆發通膨，甚至可能引發惡性通膨。這種預期背後的邏輯，來自一套傳統經濟學的思維：認為只要準備金上升，就會導致銀行放款、貨幣流通，最後引發通膨。

但真實世界運作往往沒有這麼線性。就算準備金增加，只要銀行沒有意願擴張信貸，貸款也不會自動增加。更不用

說，若企業與家庭沒有足夠的借貸需求，根本難以撐起整體經濟活動。也就是說，「準備金多 ≠ 經濟熱 ≠ 通膨一定來」。可惜的是，主流經濟學仍然過度強調「準備金與通膨之間的直接關聯」，這樣的盲點讓政策與預測常常誤判。

若我們真想理解量化寬鬆對經濟與物價的影響，就必須回到兩個關鍵指標：貨幣乘數與貨幣流通速度。前者說明銀行放款是否有效放大基礎貨幣、轉化成實際消費；後者則揭示錢在經濟體中「轉得有多快」。

舉例來說，銀行放貸活絡，才會創造更多存款，讓貨幣乘數上升。但如果信貸市場低迷，就算基礎貨幣再多，錢也躺在帳上動不了。再來看看貨幣流通速度，它反映了廣義貨幣供給在經濟中被使用的頻率，也就是「錢到底有沒有拿去買東西、投資、做生意」。這才是實質活動的引擎。

簡單說，想看通膨會不會來，光看印了多少錢遠遠不夠，更要看：錢有沒有被拿去用？用在哪裡？這才是理解現代通膨的正確打開方式。

即使銀行放款沒有明顯擴張，只要貨幣市場基金或銀行存款所產生的利息收入被用於消費而非儲蓄，這筆資金就會流入實體經濟，成為活化經濟活動的燃料。舉例來說，當人們把利息收入花在購物或投資上，而不是繼續存起來不花

費,那麼貨幣流通速度就會上升,資金在市場中的流轉也會加快。

反過來說,就算銀行信貸成長,但這筆錢若只流向資產市場,如股票、房地產、債券,那麼價格上漲的將是資產,而非實體商品或服務。也就是說,我們將看到的不是「實質通膨」,而是資產通膨。

當然,資產價格上漲未必完全脫離實體經濟,它也可能透過「財富效果」(wealth effect),間接推動消費與通膨。所謂財富效果,指的是當資產價格上漲,資產擁有者(尤其是中上階層與富裕族群),會因為感受到自己「變有錢了」,而傾向提高消費支出。這樣的現象會進一步推高住房開支、企業生產成本,最終也會反映在消費者物價上。

換句話說,資產市場的泡沫如果夠強,最終會滲透到實體經濟,推動一波真正的物價上漲。這是一條常見的通膨傳導路徑:從資產價格上升→帶動消費信心→推升居住與生產成本→引發實體通膨。

總結而言,要出現真正的通膨,就需要資產價格透過某些管道「滲透」到實體經濟。這些管道可能是財富效果、租金上漲或企業成本增加。一旦這些因素形成閉環,就會導致需求與成本雙雙上升,最終反映在消費者物價指數上。因

此，實體通膨往往不是從工廠或超市開始，而是從資產市場的泡沫開始醞釀的。

美國的財政刺激，必然引發通膨？

每當美國政府或聯準會推出財政或貨幣刺激政策時，市場總會出現對「通膨失控」的憂慮。特別是在 2024 年 9 月聯準會開始降息之後，外界就開始揣測：「2025 年會不會迎來另一波超級通膨？」但事情真的那麼直接嗎？

從英國經濟學者韋恩・戈德利（Wynne Godley）的理論中，提供了不一樣的視角。他認為通膨的成因，不應簡化為「『政府撒錢』就與『物價上漲』畫上等號」，而應放在國家產能基礎與稅收治理能力，這兩個更深層的結構問題來看。通膨的源頭，在於供應瓶頸與稅收體系的政治性失靈，尤其是當政府無法有效課稅時，經濟平衡就會開始失速。

戈德利進一步指出，政府債務、民間債務與對外債務三者之間，其實形成一種「恆等關係」：政府若增加債務，往往代表民間減少舉債；政府若削減支出，則可能導致民間借貸暴增。這三者會相互牽制，彼此消長。

換句話說，戈德利其實在挑戰一種主流的恐慌——財政赤字必然會引發通膨。他認為，若國家擁有足夠的資源、並未逼近產能上限，那麼再怎麼大手筆的財政支出，也不會帶來通膨失控的風險。因為真正的通膨，多半源於供給端的短缺，或需求超出產能的極限，而不是單靠「印鈔」這件事就會發生。

我們可用「GDP 落差」（GDP gap）[5] 檢視經濟是否已過熱。這個指標代表實際產出與潛在產出之間的差距。如果 GDP 落差是負的，代表經濟尚未全力運作，還有資源被閒置，例如失業人口或閒置產能等；若是正的，則意味著經濟過熱，資源被榨乾，通膨壓力升高。

因此，當 GDP 落差為負值時，政府推動財政刺激，其實是在填補這個落差。這類赤字支出能刺激總需求，啟動閒置的資源，進一步推動經濟邁向潛在增長軌道。而這一切，必須在不引發高通膨的情況下才得以實現。

從這個角度來看，美國當前若處於「成長力強但尚未達產能極限」的階段，那正是風險資產最有機會上漲的環境。這樣的背景代表政府可以更積極出手，不用太擔心通膨脫

---

[5] 編按：實際 GDP 與潛在 GDP 之間的差距，用來衡量經濟資源是否充分利用。

疆的代價。戈德利的理論同樣指出，當 GDP 產出缺口為負時，政府透過擴張性財政政策對於帶動經濟成長具有關鍵性影響。

簡而言之，政府的財政赤字不必然是風險，而是可運用的工具。透過赤字預算投放資金，能夠直接進入企業與家庭部門，鼓勵消費、帶動投資，在需求疲弱的時期更是關鍵。像是基礎建設等公共投資，不但創造就業，還能形成長尾的經濟刺激。

所以，下一次當你聽到有人說「政府又亂花錢，要爆炸了」，不妨問自己一個問題：經濟真的已經過熱了嗎？若答案是否，那麼這場所謂的「赤字」或許反而是支撐經濟的推進器，而不是未爆彈。

升息就能壓制通膨嗎？

我認為，自 2022 年以來物價上升的主因，實際上是供應鏈問題所致。換言之，透過升息壓抑需求，並不是解決問題的核心手段。利率一旦調升，首先遭殃的是中小企業。現在正處於技術轉型的關鍵時刻，而高利率正好成了這個轉型

的絆腳石。因此我傾向相信，目前的高利率政策，既無法有效解決通膨問題，也不具可持續性。

若要同時兼顧抑制通膨與推動經濟成長，政府應該更積極地分配所得稅、公司稅與資本利得稅等各項稅收，把這些財政資源投入技術革新與轉型支持。簡單來說，與其進行無差別撒錢的財政支出，不如透過具有戰略性的產業政策，活絡經濟。

那麼，為了推動財政刺激而累積的大量債務，美國政府將如何消化？當然，財政擴張會提高債務比率，但它同時可能帶動經濟成長與物價上升。從長期來看，通膨反而能成為削弱實質債務壓力的工具。

通膨不只是價格上漲這麼簡單，它也揭示了權力與資本在經濟體系中如何流動與集中，因此我們有必要更深入理解其背後的邏輯。這部分，我們會在後文進一步探討。

這樣的觀點，來自經濟學者戈德利，並奠基於「現代貨幣理論」（MMT）。其主張政府不應過度拘泥於財政赤字，而應該在必要時主動發行貨幣，以穩定整體經濟。

傳統上，政府的還債方式，不外乎削減支出或提高稅收。但美國更可能採取的策略是：透過推動經濟成長，導致

通膨上升,進而削弱債務的實質負擔,而非進行結構性債務重整。

我認為,這條路線更具可行性。因為只要通膨發生,名目 GDP(Nominal GDP)[6]就會增加,導致債務占比自然下降,也就是說,透過通膨壓力,政府能達到「去槓桿」的效果。即便這段過程中財政赤字與名目債務會擴大,實質債務反而可能減輕。

雖然我們無法確定美國最終會如何決策,但有一點非常明確:要讓經濟真正回穩,政府應當拋下意識形態的成見,專注在務實且有效的解決方案上。

---

6 譯按:以當期市場價格計算的國內生產毛額。它反映了國家或地區在特定時期內生產的所有最終產品和服務的總價值,但不考慮通貨膨脹或通貨緊縮的影響。

第 3 章

美債真的岌岌可危？

撐起美國經濟的三個水桶

截至 2024 年 9 月，美國的財政赤字占全國 GDP 的比重超過 6％，這在 1929 年經濟大蕭條以來極為罕見。過去曾出現類似規模赤字的情況，分別是 2009 年的金融海嘯，以及 2020 年 COVID-19 大流行期間。

但這次不一樣。現在的經濟依然在高檔運轉，然而聯邦政府卻持續以大規模支出刺激經濟。換句話說，即使聯準會端出升息等緊縮政策，聯邦政府卻反其道而行，積極推進擴張性的財政支出。這讓貨幣政策與財政政策呈現一種「不同步、不同調」的特殊局面。

坊間與媒體上開始出現一種聲音：美國政府已無力再發行赤字國債，繼續發債只會推升長期利率，最終導致美國自食惡果、經濟崩解。真的是這樣嗎？要理解這個問題，我們得先看懂美國經濟的基本結構。

美國經濟學家史蒂芬妮・凱爾頓在《赤字迷思》一書中，將整體經濟拆分成三大部門，並用「三個水桶」做比喻：第一個是來自政府的水桶，第二個是來自國內民間的水桶，第三個則是外資的水桶。

政府部門的角色是透過財政支出與課稅，為經濟體注入

或抽離資金。如果政府出現赤字，等於把錢撒進經濟體，讓民間與海外部門產生盈餘；反之，若政府出現盈餘，則會把資金抽走，導致民間或海外部門出現赤字壓力。

「民間部門的水桶」主要包括家庭與企業，其核心是透過儲蓄與投資的平衡調節資金流動。如果民間部門出現盈餘，代表儲蓄增加、企業資金充足，但這也意味著政府或海外部門必須產生對應的赤字來支撐這個盈餘的結構。

第三個水桶是海外部門，也就是美國與全球貿易夥伴之間的資金往來。如果海外部門呈現盈餘，代表外資正流入美國經濟，為政府或民間部門補充資金；相對地，若海外部門出現赤字，則是美國資金流出，須靠政府或民間來填補這個缺口。

這套理論揭示：三個水桶的資金進出彼此牽動，互為因果。當一個水桶滿了，其他兩個就會相對變空；某個部門出現赤字，就代表另外一個部門出現了盈餘。這其實是一個會計恆等式的概念，資金總量不變，只是分配與移動的方式不同罷了。

舉個例子，當政府擴大赤字支出，把錢撒入經濟，民間或海外部門就有機會取得盈餘；反過來，若政府開始縮緊預算、把錢收回，其他部門便容易陷入資金吃緊的困境。

因此，這「三個水桶理論」是理解財政政策如何在不同經濟部門之間傳導與影響的極佳架構。政府的赤字，其實是民間的盈餘來源。這是宏觀經濟學中一個基本原理：當政府赤字擴大時，對應的就是民間部門資產的增加。例如，當政府加大在教育、醫療、基礎建設等領域的支出，最終這些錢都會流入民眾的口袋，轉化為消費與投資，為實體經濟注入活力。

政府赤字穩定經濟，還是加劇不平等？

凱爾頓教授指出，政府的赤字，其實對應的是民間部門的盈餘。這個觀點為我們提供了一個理解赤字本質的重要角度：赤字支出不是「浪費」，而是透過擴張財政，把資金注入經濟體系中，進而提高家庭資產、帶動消費與投資的基本宏觀機制。

舉例來說，當政府擴大對教育、醫療、基礎建設的投資，資金會轉移至國民手中，成為活絡經濟活動的動力。但凱爾頓教授批評，美國現行的預算制度錯把政府當成「貨幣使用者」而非「貨幣創造者」，因而施加了不必要的財政限制，導致許多社會必要支出無法充分落實。

根據她的理論，政府應在不引發物價失控的前提下，大膽擴大財政支出。這樣不僅能創造就業、滿足社會需求，也有助縮小教育、醫療與基礎建設方面的結構性不平等。當然，若支出過度，仍會帶來通膨風險。但凱爾頓主張，透過合理設計的稅收政策調節通膨，維持物價穩定。這樣的財政循環，不只是支出，更是一種調控與分配機制。

總體而言，凱爾頓教授所倡導的「現代貨幣理論」其核心主張是：政府不該為「赤字本身」焦慮，而應該根據經濟與社會的實際需求，靈活運用貨幣主權與財政工具。她認為，只要能控制物價，發行貨幣支應必要支出不僅可行，甚至是穩定經濟的關鍵。

值得注意的是，美國目前在某些政策實踐上，的確採納了部分「現代貨幣理論」的觀點。但由於對通膨的普遍憂慮，財政支出並未全域擴張，而是集中火力於特定領域。這樣雖有助於推動某些產業發展，卻也可能排擠其他部門，進而導致結構性的經濟不平等惡化。

因此，只要美國延續這種「集中投資、選擇性支持」的政策思維，就應該徹底放下對「涓滴效應」（trickle-down effect）的幻想。過去我們相信財富會從上層自然流向下層，形成全面正向循環，但當前的政策結構，早已無法支撐

這樣的邏輯。

不過，有一點仍值得肯定，在目前的政策格局下，大規模物價暴衝的可能性不高。只要資金沒有瘋狂湧入資產市場、引爆投機泡沫，整體通膨仍有望維持在可控範圍內。

美國政府為什麼可以持續舉債？

那麼，我們重新思考美國政府的債務問題。首先，有一點非常關鍵：美國聯邦政府是美元的發行者，根本不需要擔心「沒錢」這回事。政府的財政赤字，其實與民間部門或海外部門的盈餘密切相關，這正是宏觀經濟的基本帳務邏輯：政府的赤字，某種意義上就是私部門的盈餘來源。

然而，許多人誤以為政府必須像一般人一樣，透過向民間金融機構借錢才能進行支出。但事實並非如此，政府可以直接創造貨幣，本質上不需要向誰借錢。更直接地說，就連國債的利率，其實也可以由政府主導決定。

歷史上也有前例：在 1950 年以前，聯準會甚至連長期國債（Bonds）利率都會進行直接控管。特別是在 1940 年代的戰時經濟體制下，聯準會這麼做就是為了支撐財政與穩定

經濟。雖然從 1951 年後，聯準會的獨立性逐漸提升，結束了官方的利率控制機制，但實際上，當赤字擴大時，聯準會依然有能力維持低利率環境。

這點，在過去十年中已經被印證得淋漓盡致。尤其是自 2008 年金融海嘯以來，即使美國的財政赤字節節上升，聯準會依然能夠將利率壓至接近零的水準，穩住市場與信心。這也催生出一句市場名言：「不要和聯準會作對。」（Don't fight the Fed.）換句話說，當中央銀行決定利率的方向時，順勢而為才是投資人最聰明的選擇。與政策對作，往往下場悽慘。

即使在 2023～2024 年間，美國政府仍持續與通膨激戰，但財政部長葉倫依然毫不手軟地大舉發行短期國債（Bills），以調控市場利率，試圖影響長期殖利率的走向。這正說明了美國政府的膽識，即便在通膨陰影未散之際，美國仍敢擴大財政赤字。為什麼呢？因為他們有本錢能做這件事。

只要三件事不變：

1. 投資人對美國國債的需求仍在；
2. 美元仍為全球的主要儲備貨幣；
3. 美國經濟與金融體系的霸主地位未動搖。

只要以上三個前提不變，美國政府的財政赤字就不會成為「崩壞的前兆」，而是可以持續操作的戰略選擇。

債務激增，美國經濟仍不受影響的理由

回顧歷史，17 世紀的荷蘭曾在英荷戰爭（1652 ～ 1674 年）期間，仰賴大量的外部資金，特別是歐洲金融市場的借貸，來支撐其戰爭開支。當時的荷蘭作為金融中心，具備堅實的信用基礎，確實有能力從國際市場籌資。然而，連年戰事最終削弱了荷蘭的海軍力量與商業競爭力，也讓其海上霸權轉手英國。而這段歷史已經充分告訴我們一件事，荷蘭國力由盛轉衰的關鍵，就是「過度依賴外資」。

18 ～ 19 世紀，英國接手全球霸主地位，但到了 20 世紀初，又逐漸將主導權拱手讓給美國。這個轉移過程，同樣伴隨著債務與外資依賴的壓力。舉例來說，在第一次世界大戰期間，英國大量向美國借款、採購軍需；到了二戰，美國透過《租借法案》（Lend-Lease Act）提供大量武器與資金支援。雖然，這些資金幫助英國政府撐過了戰爭的龐大消耗，但後果是——英國背上巨額債務，國際影響力衰退，美國正式接棒成為全球領袖。

這些歷史案例共同揭示了一個殘酷現實：過度依賴外部資金，會削弱一個國家的經濟自主性與國力延續性。當戰爭或危機過去，剩下的是債務重擔與主權經濟的失血。

那麼，美國現在是不是面臨相同風險？表面上來看，美國政府債務占 GDP 比重逼近 120％，聽起來相當驚人。但這裡有個關鍵差異，也就是美國的國債絕大多數由「國內投資人」持有，這才是讓美國立於不敗之地的核心優勢。

原因在於：如果國債主要由本國投資人持有，那麼政府就有更多空間去調控利率與市場供需。本國投資人不僅較不受匯率波動或國際金融市場情緒影響，也更願意長期持有、支持政府政策方向。相較之下，外資若占比過高，一旦情勢不穩就可能出現拋售潮，導致國債利率暴衝。

更進一步地，當國內資金為主力時，央行可以透過公開市場操作直接參與國債市場，穩定市場利率、降低融資成本……這就是為什麼日本雖然擁有全球最高的國債占比，但依然能以極低利率運作。因為日本國債幾乎都在本國人手上，日本銀行可以直接買進控制利率，無需看外資臉色。

不只日本，瑞士與瑞典也是如此，國債由本國人持有，加上有獨立貨幣政策，面對全球風暴更有緩衝空間。

美國國債持有情況（已發行國債的持有比例）

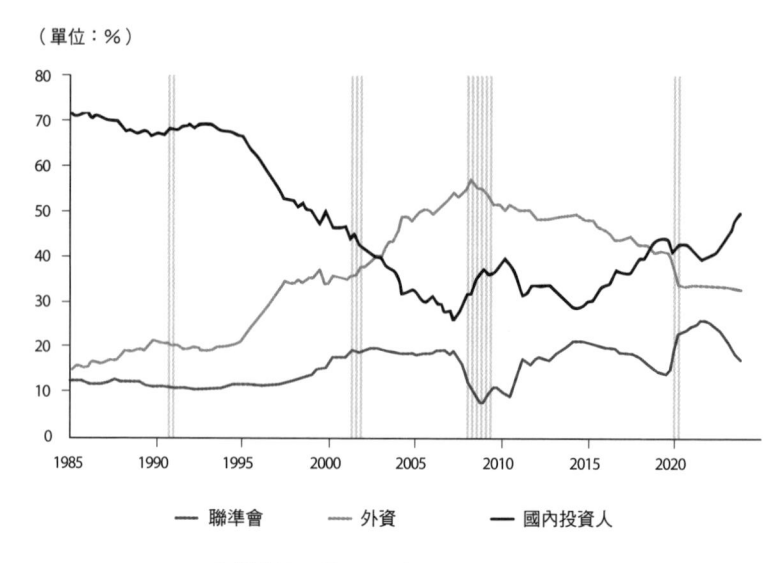

（單位：%）

資料來源：美國財政部（U.S. Department of the Treasury）。

因此，美國債務雖大，但背後的市場結構與歷史經驗說明，只要美元霸權不失、國內投資人信心不崩，美國國債就不是危機，而是資本市場的核心工具。

不過，歐元區國家因必須遵循統一的歐元貨幣政策，無法實施獨立的匯率調節機制，這讓它們在面對危機時的應變能力受限。其中希臘就是一個經典案例。過去在國債危機時期，希臘的公債大多掌握在外國投資人手中，一旦財政風險爆發，這些投資人就會大量拋售希臘公債，導致利率飆升、

發債成本暴增，讓希臘經濟雪上加霜，也讓外資依賴型的債務體系變得更加脆弱。

截至 2024 年 11 月底，美國的政府債務占比雖高，但曾擔任國際貨幣基金組織（IMF）首席經濟學家奧利維爾·布蘭查德（Olivier Blanchard）指出：要讓國債體系保持穩定，關鍵在於「國債利率（r）必須低於經濟成長率（g）」。如果這個條件成立，政府債務即使繼續增加，也能維持穩定，但若長期出現 r＞g 的現象，債務的雪球效應將迅速擴大，最終恐無法控制。除非政府能將財政扭轉為盈餘，或推動強力的財政緊縮，否則債務將難以為繼。

但美國是一個特例。原因在於：超過七成的美國國債是由國內投資人持有。除非出現戰爭這類不可抗力事件下，美國擁有強大主導力控制以美元計價的債務利率。

一般認為，國債利率由實質經濟成長與通膨所決定，但事實上，利率不是單純的經濟邏輯，而是一場政治經濟的角力。美國政府身處全球金融系統的中樞，它不只是「反映市場」，更能「引導市場」，擁有定錨市場預期與操控利率的主動權。

這就是國內投資人占比高的國家優勢，當資本主要掌握在本國投資人手上，加上央行願意進場干預，國債利率就不

容易失控。即使外在金融市場動盪，也較不容易引爆外匯危機。這種穩定性，正是美國維持其全球霸權的關鍵基礎。

相對來說，過度依賴外國資本的國家，對國際金融市場的波動反應更敏感，債務調控的難度也更高。從歷史上來看，那些失去霸權地位的國家，大多都有一個共通點：過度依賴外資，最終成為喪失主導力的致命傷。

這些歷史教訓，不只讓我們看懂美國債務模式的邏輯，更是未來理解美國如何強化其霸權戰略的關鍵觀察點。

第 **4** 章

美國經濟
為何屹立不搖？

升息，美國經濟仍維持成長動能

當聯準會於 2022 年 3 月開始升息時，市場與經濟學界普遍認為這項政策不會立即產生效果。大家都知道，升息的影響往往會透過「漫長且具變異性」的時滯，緩慢滲透至實體經濟。

依照傳統經驗，從升息開始到經濟明顯降溫，通常需要約 12～18 個月的時間。但現在情況有些不同。即便升息已超過 30 個月，美國經濟卻仍未出現明顯成長放緩的跡象。相反地，2024 年第三季美國 GDP 年增率高達 2.8％，不僅超過美國國會預算處（Congressional Budget Office, CBO）預估的潛在成長率 2％，甚至高於聯準會預估的 1.8％。這顯示傳統的緊縮政策在當前環境中的作用，恐怕沒那麼有效。

升息通常會透過壓抑消費支出與企業資本支出，來達成「降溫」經濟的目標。但這一輪，美國經濟卻仍維持強勁動能，為什麼？

首先，來自於資產膨脹與家庭負債管理能力的支撐。過去 15 年，美股與房價大幅上漲，讓美國家庭的資產總值顯著提高。家庭資產負債表變得更穩健，加上升息讓債券持有者獲得更可觀的現金流，整體來說，美國家庭面對高利率的

抵抗力也變強了。

再來，若從債務比來觀察，美國家戶債務支出占個人可支配收入（The household Debt Service Ratio, DSR）相比加拿大、澳洲等其他已開發國家，其實相對健全。這也代表美國民眾整體的還款能力與財務韌性都較高，降低了高利率對經濟的拖累風險。

甚至連信用卡債務，也並未出現明顯惡化。根據最新數據，美國信用卡負債不僅維持在低水位，還出現下降趨勢，這意味著家庭財務槓桿沒有失控、壓力可控，經濟結構仍有強大支撐力。

此外，就業市場仍保持強勁，工資成長維持在穩健水準，不僅提升了消費者購買力，也成為支撐美國內需與整體經濟的一大支柱。

消費信心堅挺，
上層資產階級支撐經濟動能

即使面對物價與利率上升的壓力，美國消費者仍願意在高價商品與服務上支出，顯示整體消費信心仍維持在強勢水

準。舉例來說，即便觀賞百老匯演出需花費不小，仍有大量消費者願意買單。

雖然所得差距正在擴大，但消費主要由上層所得族群主導。根據統計，所得排名前20％的家庭，掌握了全美47％的所得與39％的消費支出。這群人擁有可觀的資產，包括高報酬的貨幣市場基金與現金部位，不僅支撐個人消費力，也為整體金融市場注入流動性。

根據密西根大學（University of Michigan）消費者信心調查，美國有30％的人持有市值超過50萬美元的股票，另有37％的人擁有市值超過50萬美元的住宅。

這說明中上階層在資產方面的占比相當高，當資產價格上漲時，也進一步強化了他們的消費能力。

值得注意的是，這樣的資產膨脹與消費擴張，是在聯準會持續升息的環境下發生的。換言之，即使利率走升，房地產與股市仍同步上漲，進一步提高資產族群的購買力，成為支撐美國經濟的關鍵動能之一。

持有房產與股票的家庭，尤其能享受到來自債券市場的穩定現金流，使得整體消費力更具韌性。2024年第二與第三季的GDP年增率落在2.8～3.0％之間，再次印證美國經

濟並未因升息而陷入衰退,反而維持強勁動能。

另一個關鍵點是,許多家庭與企業早已在低利率時期鎖定了長期貸款利率,因此對升息的敏感度降低。

對企業來說,這種固定低成本結構,加上美國政府的補助與政策支持(特別是在人工智慧〔AI〕、半導體、綠能等領域),正加速產業投資與生產力升級。

例如,經由《晶片與科學法案》(CHIPS and Science Act)促進了科技創新與製造業復興,而《降低通膨法案》(inflation Reduction Act, IRA)與《基礎建設法案》(Infrastructure Investment and Jobs Act, IIJA)[7]則透過政府大規模支出,為整體經濟注入成長動能。

這些因素相互交織,成為支撐資產市場(包括股價上升、信用利差縮小)在高利率環境中,仍能逆勢成長的關鍵力量。

---

7 譯按:正式名稱為《基礎設施投資與就業法案》,2021 年 11 月由美國總統拜登簽署生效,總金額高達 1.2 兆美元,是美國近數十年來最大規模的公共建設支出計劃。

美國就業數據的矛盾背後——
持續增加的移民人數

截至 2023 年底，美國的「家庭調查」（Household Survey）與「企業調查」（Establishment Survey）所統計的就業人口，仍維持著類似的增長速度。然而自 2024 年以來，兩者之間的落差開始擴大。

根據家庭調查，2023 年 11 月之後就業增長趨於停滯；相對地，企業調查在同一期間內就業人數大幅增加了 171 萬人，換算下來月均增加 21.4 萬人，遠高於長期平均的就業人數 15 萬人。

這樣的差異現象透露出一個關鍵訊號：新增就業主要是由移民，特別是非法移民所驅動，而非本土人口。

為什麼會這樣？原因在於兩種調查方法的統計差異。家庭調查每五年才更換一次樣本，在此期間僅透過人口推估進行校正，因此無法即時反映人口結構的劇烈變化。反觀企業調查則是統計實際受雇者，無論其是否出生於美國本土都計入其中。因此，當非法移民大量湧入時，家庭調查會低估就業人數，而企業調查則如實反映新增就業。

根據美國國會預算處數據顯示：

- 2022 年非法移民淨流入約 190 萬人。
- 2023 年增加至 240 萬人。
- 2024 年上半年更估計創下歷史新高。

其實，這種現象在 1990 年代末期也曾出現，當時企業調查的就業人數亦遠高於家庭調查，主因同樣是非法移民大量流入所致。

截至 2023 年 7 月，兩項調查之間的就業人數差距已擴大至 397.6 萬人。到了 2024 年 7 月，這個差距又再增加 265.2 萬人，等於 2024 年以來每月平均增加 22.1 萬名就業人口。這幾乎說明了：目前美國非農就業的增長大多來自新移民，特別是非法移民。

但這也意味著，原本已在美國的本國勞動人口，其實並未增加實質就業。這點對於政策評估與投資者判斷，會造成極大的認知落差。

這樣的統計分歧，正是導致市場參與者感到混亂的原因之一，造成經濟指標之間給出互相矛盾的訊號：

- **樂觀面**：非農就業（薪資資料）、GDP 成長率、ISM

■ 美國非法移民的淨流入與就業調查方式，產生的就業人數落差

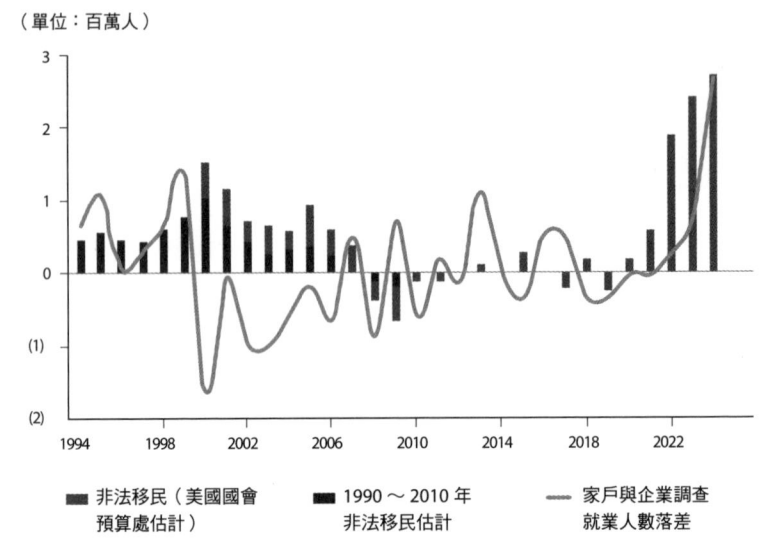

(單位：百萬人)

■ 非法移民（美國國會預算處估計）　　■ 1990～2010年非法移民估計　　— 家戶與企業調查就業人數落差

資料來源：美國國會預算處、美國勞工部勞動統計局（BLS）、新韓投資證券。

服務業指數（ISM Services PMI）[8]、信用卡借貸額度攀升，顯示消費與服務業活動仍然活躍。

- **悲觀面**：ISM 製造業指數（ISM Manufacturing Index）[9]

8　譯按：ISM 服務業指數，是由美國供應管理協會（ISM）調查服務業採購經理人後編製的綜合景氣指標，用以反映美國非製造產業的營運狀況與景氣趨勢，數值高於 50 表示景氣擴張，低於 50 則代表收縮。
9　譯按：ISM 製造業指數，是由美國供應管理協會每月訪查全美製造業採購主管所編製的指標，反映製造業的整體營運狀況。指數高於 50 代表製造業活動擴張，低於 50 則代表收縮，具有高度的前瞻性與市場指標性。

📈 美國非法移民年度淨流入趨勢

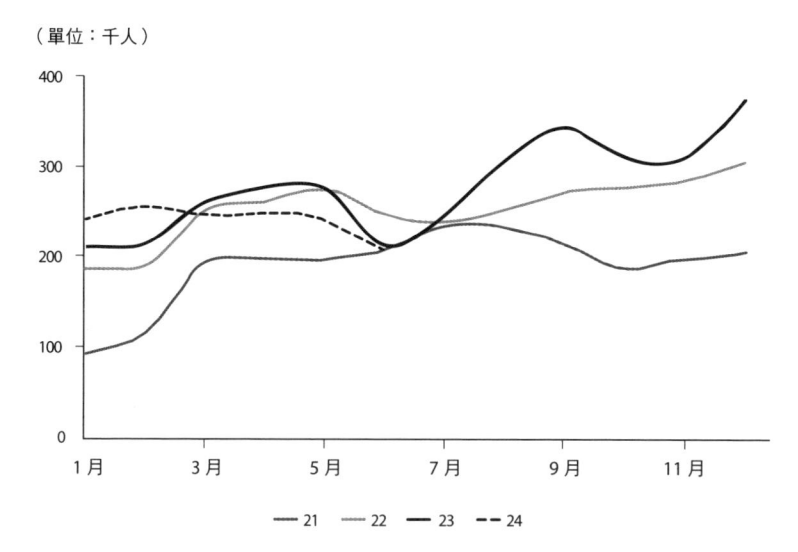

（單位：千人）

```
        1月    3月    5月    7月    9月    11月
——— 21   ——— 22   ——— 23   ‑‑‑ 24
```

資料來源：美國海關與邊境保護局（CBP）、新韓投資證券。

疲弱、住宅市場交易低迷、耐久財（durable good）訂單萎縮、企業信貸（C&I Loan）與國內總所得（GDI）指標，皆透露經濟動能放緩。

這種錯綜複雜的現象，也讓投資人對經濟前景的判讀出現巨大分歧：美國經濟究竟是在健康降溫、實現軟著陸？還是表面穩健、實則悄然減速？

2024年9月24日，過去幾年異常擴大的GDI（國內總

📈 美國每月簽證核發件數

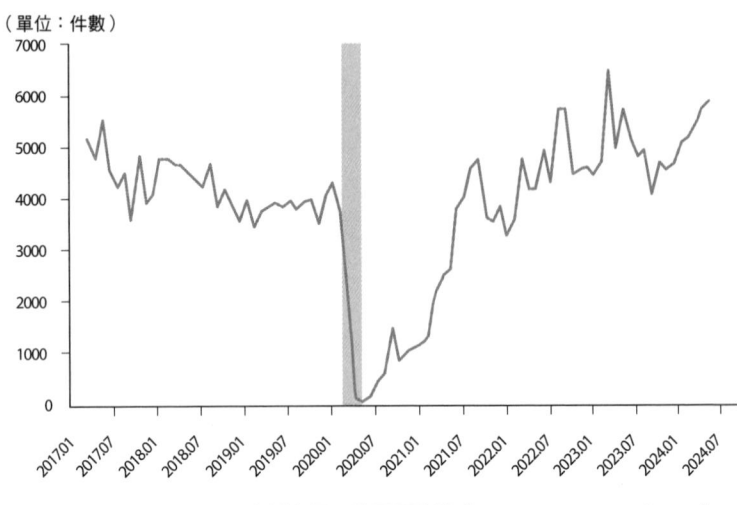

(單位：件數)

資料來源：美國國務院（U.S. Department of State）。

所得）與 GDP 之間的差距，透過 GDI 的上修而大幅縮小。同時，個人儲蓄率也會顯著上調，使整體經濟指標獲得重新評估。

市場普遍預期 GDP 將因走弱而逐步拉近與 GDI 的差距，但與尼克・提米羅斯（Nick Timiraos）[10] 所分享的推文及文章內容相對照，商務部公布的 GDP 數據仍被強調為穩健。其中，GDI 的上修導致兩者差距縮小，被視為值得關

---

10 編按：《華爾街日報》（*The Wall Street Journal*）的首席經濟特派員，負責報導聯準會和美國經濟政策。

注的變化。過去的經濟循環中，多半是 GDP 向 GDI 靠攏，最終引發景氣衰退；但這一輪循環中，GDI 被上修而向 GDP 靠攏，顯示出不同以往的走勢。我認為這樣的變化與過去兩年大量流入的非法移民在經濟上的貢獻有密切關聯，因此，可解釋為 GDI 追上 GDP 的結果。

另一方面，2024 年 9 月 18 日，聯準會以失業率放緩為依據，決議將基準利率下調 50 個基點（bp）。不論其過程為何，失業率的放緩已成為聯準會降息的正當理由。

移民流入與失業率的關係

失業率這項指標，代表的是在整體經濟活動人口當中，找不到工作者所占的比例。但當移民人數快速流入時，勞動市場會瞬間增加大量潛在勞動力，這反而可能推升失業率。即使是合法移民，根據所持簽證的類型是否允許就業，他們是否納入勞動市場統計也會有所不同。舉例來說，以工作簽證入境者，通常不會被統計為求職人口；但如果是以家庭團聚簽證入境，只要有求職意願，就可能會被納入失業率的計算中。

另一個失業率上升的潛在因素，則可能來自 COVID-19 疫情期間積壓的大量簽證申請，如今一口氣處理完畢，導致大量擁有就業意願的新人口進入市場，也推高了失業率。

有趣的是，不論是合法還是非法的移民流入，一方面能拉高美國的 GDP，另一方面卻又可能推升失業率，呈現出一種矛盾的雙重效果。而這樣的現象，卻正好為聯準會提供了考慮降息的理由。

當移民初入美國，尚未順利進入勞動市場，或雖有就業意願短期內卻難以找到工作，就可能短暫地推升整體失業率。但如果整體經濟體質穩健，這些移民最終仍會陸續就業，其後續帶動的消費與經濟貢獻，將對整體景氣產生實質助力。這樣的過程也會催生新的就業需求，使得總體失業率再度下降，進入一個健康的正向循環。

真正的重點在於，這些變化經常藏在數字背後，而非表面所見。我們常常掉入統計數據的迷思，而忽略了背後結構性的事實。也許這種觀點聽來像是陰謀論，但即便不完全正確，我們仍有必要追索那些「未被說出口的真相」。沒錯，移民流入可能在短期內擾動失業統計，但要長期操作這項指標，其實對美國政府來說並不容易。

我認為，若政府將失業率視為唯一指標來定調政策，反

而可能導致聯準會的貨幣政策過度寬鬆，這也可能為資產市場過熱埋下隱憂。這樣的政策基調，很可能不會帶來期待的「軟著陸」，而是激化一場資產泡沫的狂歡。而中長期來看，這將成為影響經濟穩定性的潛在風險。

透過移民維持勞動規模

勞動人口是經濟成長的核心。美國也一樣，隨著出生率持續下降，意味著自然人口增長率正在下滑，並伴隨高齡化的進展。然而，美國擁有相對較高的淨移民率，透過移民的引進彌補了人口減少，進而維持穩定的人口成長。

移民是美國勞動市場的重要動能。他們投入中小企業、農業、建築業等各個產業，即使自然人口增長率下滑，仍有助於維持經濟成長的穩定。

與此相對，日本正面臨與美國截然不同的經濟挑戰。日本是全球人口減少最嚴重的國家之一，出生率持續下降，淨移民率也偏低，導致人口逐年減少。加上外籍勞動力的不足，使得人口結構問題成為制約日本經濟成長的關鍵因素。

為了刺激經濟、強化成長潛力，各國都必須解決自身的

結構性問題。美國透過移民和財政穩定性維持成長基礎；而日本若不正視人口減少與勞動力不足問題，未來將更難維持長期經濟成長。

這樣的對比凸顯出影響經濟成長的結構性要素，以及政策方向的重要性。

美國正透過移民實現正向經濟成長。這些移民投入中小企業、農業、建築等產業，使得美國能持續穩定地獲取勞動力資源。

疫後時代新經濟訊號

在可見的未來，美國經濟有可能陷入通貨緊縮嗎？

圍繞這個問題，經濟的樂觀派與悲觀派呈現分歧。樂觀派認為景氣的谷底已經過去；而悲觀派則預測谷底尚未到來，很快就會出現。

有趣的是，悲觀派並未對「何時會出現谷底」這件事給出具體時間點。

原本預期會在 2024 年第四季出現的經濟衰退並未發生

後,他們便含糊地修正為「2025年上半年某個時間點會是谷底」。

這也代表,他們的前提是經濟衰退一定會來,只是無法準確預測其時間點。

此外,股市下跌常被解讀為經濟衰退的訊號,但究竟是股價下跌導致經濟趨緩,還是對經濟趨緩的預期導致股價下跌,兩者之間的因果關係並不明確。聯準會每一季都會修正其經濟預測,強調「依據數據做出政策判斷」(data-dependent)的立場。

為什麼明明是同一組經濟數據,人們的解讀和預測卻南轅北轍、經常失準?我認為原因出在「疫情循環的正常化」。舉例來說,製造業部門在疫情期間經歷了短暫的需求暴增,但目前已逐步回歸到較為正常的採購水準。相對地,服務業在疫情中嚴重萎縮,之後則逐步復甦。

因此,專注於觀察製造業數據者可能會預期經濟衰退,但在餐飲等面對面服務業工作的人,則可能覺得景氣非常好,於是出現彼此截然不同的觀點。

我認為疫情之後,大多數的總體經濟數據曾出現一次嚴重扭曲。但近來,製造業與服務業之間的數據不平衡正

在逐漸化解,總體經濟指標之間的「追趕效應」(catch-up effect)也正在進入尾聲。

2025 年,這兩個部門很可能呈現更一致的動向,進而為整體經濟釋出更明確的訊號。

第二部

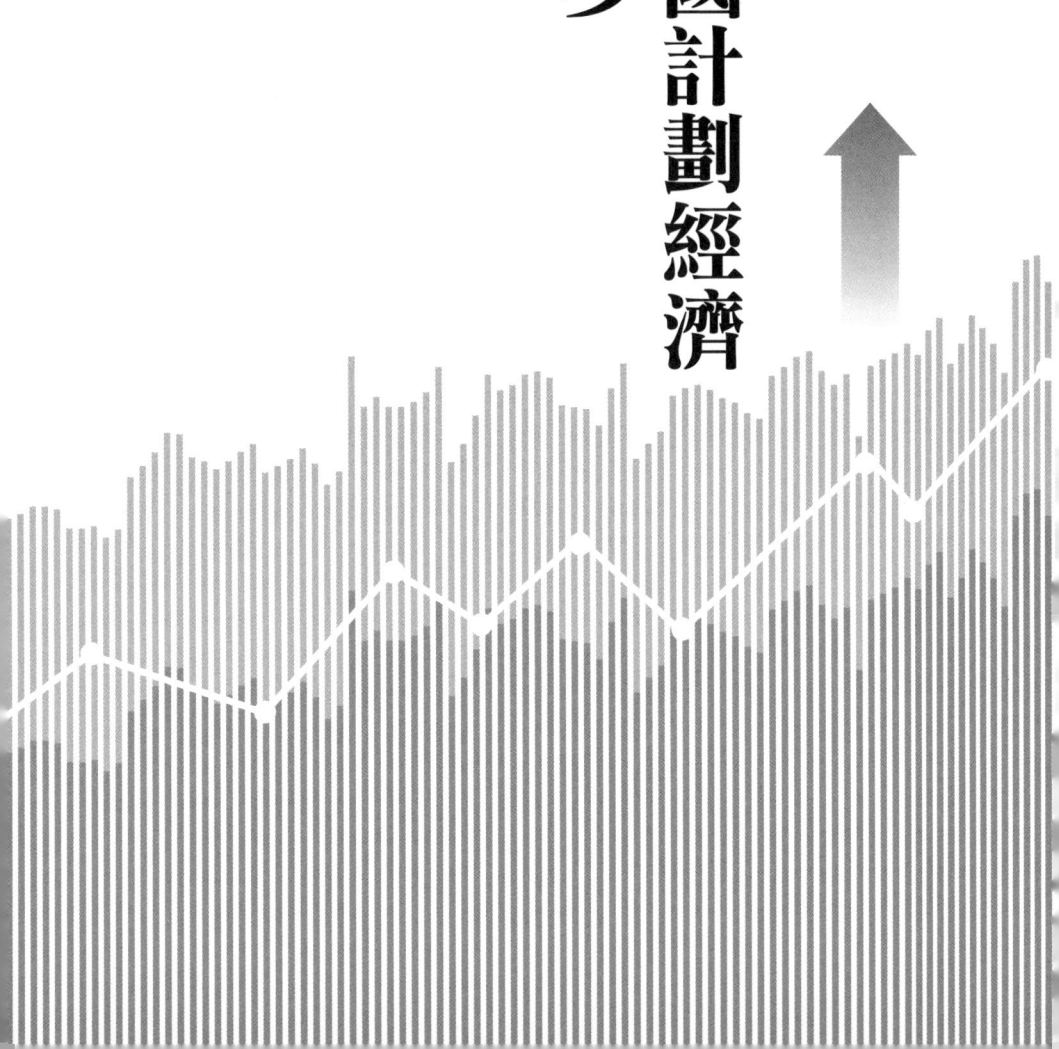

美國計劃經濟起步

第 5 章

政府角色日益重要

從古典經濟學走向現代經濟學

過去數十年來，經濟政策的核心原則，深植於古典經濟學派的思想——也就是對自由市場自我調節能力的信賴。

古典經濟學者認為，市場具備自我尋求平衡的能力，透過這樣的過程可以實現資源的有效分配。這樣的觀點，從18世紀末至19世紀初，透過大衛・李嘉圖（David Ricardo）與湯瑪斯・馬爾薩斯（Thomas Malthus）等經濟學者的研究，更加具體化。

古典經濟學派將人類社會視為自然法則支配的生態系統的一部分，主張最佳策略是讓市場自由運作。其中，亞當・斯密（Adam Smith）的「看不見的手」理論，是這套邏輯的核心。他認為，當個體追求自身利益時，最終會推動整體社會利益的實現。

正是這種信念，為市場經濟的自律性與自我調整能力提供了理論支持，進而推動「減少政府干預、最大化市場自由」的政策走向。李嘉圖是古典經濟學的關鍵人物之一，他認為各國若專注於自己具有「比較優勢」的產業，就能創造更高效率。他的比較利益理論主張，市場是一套能將資源最佳化分配的自動機制，因此應盡量避免政府干預，交由市場

力量主導，才有可能達到最理想的結果。這樣的理論邏輯，也成為推動自由貿易、強調資源最佳配置的經濟學依據。

另一位古典經濟學代表人物馬爾薩斯，則將關注點放在「人口增長與資源的平衡」上。根據他的「報酬遞減法則」，人口會以幾何級數成長，而糧食生產卻只能以算術級數增長。因此，他認為貧困幾乎是無法避免的結局。

馬爾薩斯主張，戰爭與瘟疫等自然災害可發揮調節作用，抑制人口增長，使市場恢復平衡。他的觀點進一步強化了「與其仰賴政府干預，不如順其自然，讓市場機制發揮作用」的信念。

與此類似，經濟思想家約瑟・湯森（Joseph Townsend）也認為人類應被視為自然界的一部分。他相信自然平衡的邏輯可套用在社會系統上，因此強烈反對濟貧法。他主張：當人們在自然過程中因飢餓或死亡而減少時，勞動供給會下降，隨之帶動工資回升，進而恢復市場秩序。

湯森認為，解決貧窮問題的方式，不是仰賴人為干預或政府補貼，而是讓市場透過自然調整來回歸平衡。

尋找自由市場與政府干預之間的平衡

李嘉圖、馬爾薩斯以及湯森的理論，共同建構起一種核心信念：只要讓市場如自然般自我運作，終將達到均衡。他們認為人類社會本就是自然的一部分，而只要政府少介入，市場便能實現資源的有效分配，進而帶來整體社會的繁榮。

這種認為市場擁有「自行調節」能力的古典經濟學觀點，長期以來成為自由市場原則的理論支柱，並深刻影響了往後幾十年的經濟政策設計。

然而，這樣的理論理想在現實世界中卻未能完全兌現。隨著工業化進程加速，社會貧困與不平等問題不斷加劇，許多國家逐漸意識到，僅靠市場的自律，並不足以解決社會與經濟層面的各種結構性問題。因而開始重視——政府介入並非市場失敗的對立面，而是補足其局限的必要行動。

古典經濟學的市場自律原則固然為政策奠定基礎，但當代經濟正面臨前所未有的挑戰，例如：科技革命所帶來的劇烈變化、全球化引發的衝擊、產業重整所造成的就業不穩定。這些都已超出傳統自由市場邏輯所能應對的範疇。

因此，今日全球經濟共識逐漸形成：唯有在「市場機制」與「政府角色」之間取得新的平衡，才有可能真正解決

氣候變遷、財富分配失衡、政治經濟對立等深層危機。

所以,現代經濟學的核心焦點,已不再是盲目信奉市場自律,而是致力於重新審視與調整政府應扮演的角色,使其能與市場動能形成互補、而非牴觸的關係。

技術爆發時代,無可迴避的政府角色

過去 40 年,全球經濟運作的主旋律是「市場自律」。自由市場機制被視為資源分配最有效的方式,是資本主義國家的共同信仰。但現實比教科書複雜得多。即使是標榜最自由的資本主義國家,當面對資源錯配、社會衝突與產業失衡時,政府依舊會啟動干預工具,試圖用規劃導向的手段,重新校準市場運作的節奏。

未來的經濟治理模式,勢必將從「市場自動導航」轉向「政府適度引導」。這不是逆市場,而是回應一個根本變化:技術正以我們無法預測的速度爆炸性前進中,而社會的承載力根本跟不上。

以 AI 為首的技術創新正快速滲透人類社會,但它所引發的連鎖反應,遠比想像複雜。多數人樂觀以為「科技進步

＝社會進步」，但事實往往相反。變革帶來的不是單一線性的成長，而是打破既有秩序的不確定性、利益重分配的張力、乃至價值觀崩解的震盪。

我們已經看到這樣的案例：當 Uber 類型的共享經濟平台出現，傳統計程車業者不只丟了工作，更失去了長久以來作為「正規就業者」的社會認同。這不是單純的「效率最佳化」，而是社會結構與心理秩序的動搖。

這時，政府不能只是觀察員的角色，而是必須成為節奏的調整者與緩衝者。

面對突如其來的技術轉折，若仍迷信市場會「自己找出解方」，那不只是治理的懶惰，更是對社會穩定的輕率冒險。政府的角色，從「介入市場」變成「引導社會轉型」，這包括了降低技術變革所帶來的衝擊成本，協助落後產業轉型，維護勞工權益，以及最重要的——維持社會信任不崩潰。

自由市場與政府干預之間，不再是二選一的拉鋸，而是需要重新設計的混合系統。誰能掌握這種節奏控制能力，誰就有機會成為新世代的制度領航者。

第 **6** 章

歷史上，政府如何主導經濟發展

政府主導的經濟治理模式：統制經濟

當政府介入過深時，確實有可能壓抑市場的自律性，甚至導致資源錯配與效率損失。但從歷史經驗來看，在市場失靈、經濟動盪的時刻，政府主導的介入反而能夠提供穩定性與戰略方向，推動長期發展。

法國的「統制經濟」（Dirigisme）[11]正是這樣一種模式。這個詞來自法語，意指「由政府主導的經濟體制」，是在二戰結束後，法國為重建被戰火摧毀的經濟體系而採取的策略。

近期這個概念再度受到矚目，是因為金融評論家羅素‧納皮爾在一次訪談中提到，美國可能正走向類似的政府主導模式，特別是在處理通膨與總體經濟策略上。

在戰後的法國，隨著國土與基礎建設大幅毀損，政府成立了「國家規劃署」（Commissariat général du Plan）制定長期經濟計劃。自 1946 年起，法國陸續推行一系列五年計劃，明確設定各產業的發展目標與成長策略。

---

11 譯按：或譯指導經濟，源自法語 diriger。此為一種經濟學說，國家扮演著強有力的指導角色，而不僅僅是對資本主義市場經濟的監管干預角色。

重點不只是在規劃層面,法國政府也實質介入資源分配,將財政與政策傾斜集中在航空、鋼鐵、汽車、核能、電子等戰略產業,不僅提供資金支持,還有直接持股,有些產業甚至實施國有化。當時的國營化產業包含鐵路、能源、電信與銀行,政府掌握了極高的決策權與產業掌控力。

統制經濟的核心,在於政府、企業、勞工三方的社會契約。政府保障勞工權益,企業專注於戰略成長,勞工透過工會參與政策對話,三方維持穩定互動,達成一種制度性的社會穩定。

在成果方面,航空產業的成功是最具代表性的例證。法國政府的大力扶持促成了世界級飛機製造商「空中巴士」(Airbus)的崛起;而法國電力公司(EDF)則帶領核能發展,使法國成為全球核能領先國之一。

然而,這種體制也不是毫無代價。到了 1970 年代,隨著石油危機重擊全球,法國模式暴露出不少結構性問題。過度依賴政府主導,壓抑了中小企業的創新與靈活性,也造成資源配置過度集中在特定產業與地區,導致其他產業與地區的發展邊緣化,引發經濟失衡與社會不滿。

因此自 1980 年代起,法國逐步啟動民營化與鬆綁管制,轉向更開放的市場機制。儘管如此,統制經濟主義遺留

下來的制度影響仍在，法國政府至今仍對一些核心戰略產業保持著一定影響力，為了確保國家在全球競爭中具備關鍵自主性。

英國與德國政府主導型經濟成長

政府主導式的經濟策略，在其他國家歷史上也曾多次出現。第二次世界大戰後，代表性案例——英國與德國皆透過政府介入重建經濟、推動產業發展。兩國在尋求政府介入與市場調節之間的平衡時，各自透過多種實驗與政策嘗試，發展出獨具特色的經濟體制。

首先，第二次世界大戰結束後，英國為了戰後重建與強化社會福利，推動大規模的政府主導經濟政策。1945 年工黨上台後，英國政府採取帶有社會主義色彩的經濟方針，將多項關鍵產業進行國有化，並建立完善的社會福利制度。

當時，英國政府將煤礦、鐵路、鋼鐵、電力與電信等重要產業收歸國有，並進行直接控管。這項政策主要目的在於穩定產業、加速戰後復甦。1947 年，能源與鐵路等核心產業正式國有化。然而到了 1970 年代後期，部分國營企業開

始面臨競爭力下降與效率低落的問題。

英國政府為了提升全民的生活品質，建立了普及的社會福利制度。1946 年透過《國民保險法》導入失業保險、健康保險與退休年金制度，並於 1948 年創立國家醫療服務系統（NHS），提供免費的醫療服務。這套制度成為英國福利國家的核心機制，透過普及性福利支持勞動人口的健康與生活穩定。

英國的國有化與福利國家建設，對於戰後重建與穩定民生確實有所貢獻，但從長期來看，國營企業的效率問題逐漸浮現。過度的國有化與政策干預，也引發對產業競爭力下滑的疑慮。

到了 1970 年代，隨著經濟停滯與維持福利制度所帶來的財政壓力上升，體制的限制逐漸顯現。最終在 1979 年瑪格麗特・柴契爾（Margaret Thatcher）上任後，英國政策轉向民營化與放寬管制，這一轉變也為 1980 年代柴契爾政府的民營化政策奠定基礎。

英國的案例顯示，關鍵在於如何適時判斷何時應由政府介入、何時應將自律權交還市場。

另一方面，德國在戰後重建階段採取「社會市場經濟」

模式，同時致力於追求經濟自由與社會公平。當時，德國政府所倡導的社會市場經濟體制，保有自由市場經濟的原則，同時加入保障經濟弱勢的社會政策。

德國在 1949 年制定《基本法》時，明確奠定了市場經濟體制的法律基礎，並以此展開經濟復甦。政府在維持基本監管的同時，保障了企業在市場機制下自由運作。

德國政府主要扶植以製造業與中小企業為核心的產業發展，尤其在汽車、機械與化工等高附加價值製造領域，強化國際競爭力。此外，政府也鼓勵勞工團體與企業之間的協作，形成社會共識並維持穩定的勞動市場環境。

德國一方面依循市場原則發揮資本主義的優勢，另一方面努力縮小社會不平等。政府透過完善失業保險、公醫制度與年金制度等社會安全網，讓各階層都能分享經濟成長的果實，進而促進社會整合，也為經濟提供穩定的勞動力支持。

德國的社會市場經濟模式，被視為同時實現高度成長與社會穩定的成功案例。儘管政府不直接操控經濟，但透過產業政策與社會保障體系調整經濟平衡，在面對經濟危機時迅速應對，達成持續的經濟發展。隨著歐洲整合的推進，德國持續穩固其強大的經濟基礎，成為歐洲的重要經濟體。

美國與亞洲的統制經濟

包括美國在內的亞洲新興經濟體,尤其是韓國、日本與臺灣,皆透過政府強力主導經濟,實現了快速的工業化。這些政策內含了「統制經濟」的要素。只是部分經濟學者一味地關注自由市場經濟學,而忽略了這類體系的實際運作方式罷了。

美國的統制經濟可追溯至 1930 年代的「新政」(New Deal)。新政是當時富蘭克林・羅斯福(Franklin Roosevelt)總統,為了克服 1930 年代經濟大蕭條,所推行的一系列經濟與社會改革政策。

當時美國政府直接介入並管理經濟活動,重點在於創造就業與重建經濟。政府透過《緊急銀行法》(Emergency Banking Act)進一步穩定金融體系,並藉由公共事業振興局(Works Progress Administration, WPA)推動大型公共建設計劃創造就業。同時實施《社會保障法》(Social Security Act),強化失業保險與老年年金等社會安全網;也以《農業調整法》(Agricultural Adjustment Act, AAA)穩定農產品價格。

「新政」被評價為協助美國從大蕭條中復甦的重要政

策,也成為美國歷史上聯邦政府積極解決社會問題、奠定福利國家基礎的重要範例。

再來看看亞洲國家的例子。

日本自 1950～1980 年代,透過政府主導的產業政策實現急速經濟成長。日本通商產業省(MITI)[12] 優先扶植鋼鐵、造船、汽車、電子產業,並透過資金支援、放寬管制與技術轉移等方式,推動經濟發展。這些政策協助日本成為世界級工業強國,但過度的政府干預也在長期內抑制了市場自律,最終導致 1990 年代泡沫經濟的破裂。

韓國自 1960 年代起推動政府主導的經濟發展戰略。朴正熙政府制定「經濟開發五年計劃」,對重工業、鋼鐵、造船、電子等關鍵產業,提供財政支援與政策優待。韓國開發研究院(KDI)與韓國產業銀行(KDB)扮演政府與民間合作的樞紐角色,促進資源有效配置與技術發展。

這樣的國家主導經濟成長模式,促使韓國成為新興工業化國家(NICs),但也導致了以大企業為中心的經濟結構,產生中小企業間的差距與經濟不均等問題。

---

12 譯按:現為經濟產業省,簡稱經產省。過去被認為是日本經濟以及「日本株式會社」的總司令台,引領經濟高度增長,在國際上被稱為「Notorious MITI」、「Mighty MITI」,曾為轟動一時的日本優秀官僚代名詞。

臺灣自 1960 年代起,同樣採取政府主導的經濟發展政策,建立以製造業為核心的經濟結構,並成功轉型為技術密集型高科技產業。透過出口導向策略,臺灣發展出紡織、電子、家電等勞力密集型製造業;1980 年代進一步打造新竹科學園區等高科技產業聚落,並透過與外國企業合作推進半導體與電子產業。

臺灣以中小企業為主體的產業結構,奠定了穩定的經濟成長基礎,並成功躍升為全球半導體製造重鎮。

中國則自改革開放以來,為實現經濟成長與工業化,也採行了國家主導的經濟政策。在第 13 個五年計劃中,中國以技術創新與高附加價值產業為目標,採用統制經濟式的政策取向,同時維持以國有企業為核心的經濟體制,推動產業發展與實施各項管制。但這種國有企業為中心的架構,長期下來可能導致效率低落與資源錯置。

總的來說,統制經濟的核心精神,是透過政府主導特定產業的培育與資源分配,推動經濟成長與產業結構調整。這樣的策略可在日本、韓國、臺灣、中國與俄羅斯等國找到相似案例。

這些國家的經驗說明,統制經濟模式在短期內可有效帶動經濟成長,但從長期來看,可能會面臨政府低效率與抑制

民間創新的結構性問題。

　　美國的新政、歐洲各國、日本、韓國與臺灣等亞洲國家的發展經驗，皆是政府積極介入以克服經濟危機與結構性轉型的重要案例，也可視為應用了統制經濟的核心精神，促進經濟成長與強化產業基礎的實例。

第 7 章

美國經濟政策的轉變

承接過去與現在的美國經濟政策

拜登政府時期的美國經濟政策，是以「柯林頓經濟學」（Clintonomics）為基礎而發展的。回顧柯林頓時代的經濟政策，有助於理解今日美國的經濟狀況。

目前，美國政府正針對特定產業提供補貼，實行所謂「供給端優待政策」。這其實是更大範圍內供給方優先政策的一部分，並與試圖排除中國在全球供應鏈之外的策略同步推進。

透過提升供給來穩定物價，這些供給端政策也構成了現行的成長導向策略。這種政策主張市場本身存在效率缺陷，因此強調政府介入的必要性，支持透過公共力量穩定經濟並推動成長的觀點。

另一方面，柯林頓政府曾推動多項減稅政策，例如調降資本利得稅，對網路產業不課稅，實質上建立起一個「免稅特區」的環境。這些政策對於當時的經濟擴張發揮了重要作用，也使得聯邦政府的稅收增加。

最終，美國在柯林頓總統任內實現了預算盈餘。這是因為所得稅的調升與資本利得稅的調降形成了某種平衡，進而帶動了整體稅收的增加。若當時柯林頓政府未實施減免資本

利得稅,當時的美國經濟樣貌很可能會完全不同,這也被視為減稅政策可正向推動經濟成長的代表性案例。

然而,有其他觀點指出,這樣的財政盈餘導致了民間部門盈餘的減少,最終成為促使「網路泡沫」破裂的潛在因素之一。因此,支持這個觀點的群眾主張,所謂的財政盈餘並不必然等於財政的穩定化。

推動計劃型經濟穩定財政

要維持財政穩定,關鍵在於當需要發行赤字國債時,能有來自國內投資者的強力支撐。只要國債的主要買盤來源是國內資金,就能降低對外部資本的依賴。這一點,對於美國持續在全球經濟中扮演主導角色而言,是極為重要的條件。

一戰期間曾主宰全球金融秩序的英國,就是國內需求重要性的明顯案例。當時,為了籌措戰爭資金,英國不得不大規模發行國債,導致戰後債務水位急劇上升。問題在於,其中相當大部分的國債是由外國投資人購入,這使得英國的經濟與金融市場對國際資本流動變得極為敏感。

戰後英國必須進行經濟重建,同時背負龐大的償債壓

力，而在這樣的狀況下，對外資的依賴也隨之加劇。特別是一旦出現資金外流，就可能觸發貨幣危機與經濟動盪，嚴重削弱英國的金融穩定性。

此外，隨著戰後財政赤字持續惡化，英國無法停止發債，導致外國人持有英國國債的比例不斷上升。這不僅削弱了國家的經濟自主權，也讓英國被迫更加依賴外部融資。結果便是，英國經濟更容易受到全球金融市場波動的衝擊，其金融霸權因此逐漸式微。

事實上，從第一次世界大戰以後，英國便失去了全球經濟的核心地位，而美國則開始取而代之，逐步奪取金融霸權。戰後美國經濟實力大幅提升，透過布雷頓森林體系，成功讓美元成為全球儲備貨幣，並在國際金融秩序中站上了主導位置。

英國的經驗對美國而言，無疑是重要的前車之鑑。美國深知——若要維持財政穩定並保有金融霸權，最根本的戰略之一，就是避免過度依賴外資，並確保國內資金能夠消化自身發行的國債。

這個策略，在未來仍將是美國維持其全球經濟領導地位的關鍵要素之一。

重建工業實力的關鍵：投資基礎建設

隨著 AI 與半導體成為關鍵的戰略產業，美國愈發強烈地意識到，這些核心技術必須在國內培養、發展，才能維持其在全球經濟中的主導地位。因此，美國正以尖端科技為核心，積極推動「再工業化」進程。

目前，美國在 AI 技術的開發與應用上已占據領先地位，因此獲得可觀的經濟利益。然而，美國社會也逐漸認知到，單靠自由市場機制無法因應所有挑戰，政府主導介入變得不可或缺。這種思維轉變類似於過去政府主導計劃經濟、推動國家重建的歷史經驗。如今，在推動再工業化的過程中，同樣必須仰賴政府積極介入。

大型科技企業正是在這種政府扶持之下，引領技術創新的浪潮。隨著 AI 應用的快速擴張，對電力的需求也水漲船高。特別是資料中心的建置與營運，將大幅推升電網基礎建設的需求。

在這當中，「銅」因為廣泛應用於電網、建設、電子產品等產業，再度成為不可或缺的原物料。尤其當美中製造業同步回溫之際，全球銅需求正快速增加。

然而，要承接這波再工業化浪潮，美國亟需解決全國性

基礎建設老化的問題。過去數十年間，公路、港口與電網等公共基礎設施逐漸失修，已成為拖累經濟成長與威脅國家安全的隱憂。特別是電網老化問題，極可能削弱再工業化過程中對穩定能源供應的支撐力。

其實，基礎建設老化早在川普執政時期就已成為政策議題。美國不少道路、橋梁與港口老舊失修，造成交通壅塞與公共安全隱憂。以電網為例，美國電力固定資產的平均使用年限已超過 26 年。根據美國商務部 2020 年的報告指出，美國高達 70％的變壓器使用壽命已超過 25 年，平均壽命更高達 38 年。

這種結構性問題意味著，美國面臨大規模停電的風險日益上升，若不重建電網系統，將無法保障穩定的能源供給。而電網升級不僅是技術性更新，更是支撐未來產業發展的命脈。若無法匹配 AI、半導體等高科技產業的用電需求，美國的產業競爭力勢必受限。

為了解決這一問題，美國已規劃在 2050 年前投入高達 21 兆美元的基礎建設預算。雖然，此舉激勵了市場對高科技設備投資的樂觀看法，但目前先進製造產能的實際稼動率仍停滯不前，反映出投資與實際生產之間的落差，也顯示長期規劃與政策執行才是關鍵。

總結來說，若要讓再工業化成功落地，穩定的能源供應與現代化基礎建設是不可或缺的根基。唯有迅速重建老舊設施、由政府擔任主導角色，才能打造支撐未來成長動能的國家基礎。尤其是電網的升級，將為 AI、半導體、再生能源與電力設備製造業者，創造全新機會。

政府與大型科技企業所共同推動的 AI 與基礎建設投資，將逐步成為驅動美國經濟長期成長的關鍵支柱。這一波產業投資循環，將如何重塑美國工業版圖，並對全球經濟格局產生何種影響，值得我們持續關注。

第三部

美國製造對全球經濟的影響

第 **8** 章

美國的製造回流與本地化

美國為何重返製造業？

美國的外包（outsourcing）趨勢，可追溯至 1970 年代的高通膨時期。在那段時間裡，美國製造業的薪資水準在短短十年間以年均 9％的速度快速成長，對企業造成了極大的成本壓力。

由於當時的技術進展尚不足以對抗人力成本上升的衝擊，企業開始尋求更低廉的勞動力市場，轉向包括亞洲在內的海外生產基地。最終，為了追求更具成本效益的勞動力，美國製造業大量遷往亞洲等地區，使得本土製造基礎快速流失。此舉也讓美國經濟開始從「以生產為主」的架構，轉變為以「服務業」為核心的結構。

為了節省人力成本，美國企業選擇接受更高昂的運輸費用，與更長的供應鏈結構。這種決策在短期內的確帶來積極效益，但長期下來卻也引發不少複雜問題。例如，將製造基地轉移至亞洲後，不僅需承擔長距離運輸帶來的成本負擔，還須面對全球經濟波動時，供應鏈中斷所引發的風險。

儘管直到 1990 年代為止，美國仍占全球外人直接投資（Foreign direct investment, FDI）超過 24％的份額，但自從中國於 2001 年加入世界貿易組織（WTO）後，美國在全球

FDI 的占比一路下滑至約 15％。從 1980 年代以來，外包策略已經深刻改變美國經濟的結構，也為後來的保護主義抬頭埋下了伏筆。

COVID-19 疫情更是徹底暴露出全球供應鏈的脆弱性。製造中斷、供應鏈癱瘓與運費飆漲等問題，讓美國企業強烈意識到：過度依賴海外製造所帶來的風險。這場危機進一步凸顯把製造業帶回美國本土的必要性。換言之，疫情放大了外包體系的結構性缺陷，也讓「製造回流」（reshoring）成為政策與產業界的共識。

因此，為了強化對於戰略物資與供應鏈的主導權，美國政府開始積極推動「製造業回流」政策，透過將關鍵產業重新遷回本土，讓美國製造重返核心戰略地位，期望在全球經濟變局中重新掌握主動權。

技術進步與生產力革命帶動「製造回流」

當廉價的資本與勞動力投入增加，或技術創新帶來結構性改變時，便可能引發生產力革命，這正是驅動經濟成長與創造就業的雙引擎。歷史上，凡是同時實現低通膨與低失業

的時期,幾乎都與某種關鍵技術革新同步出現。

例如,1920年代的汽車、電氣與通訊革命,1950年代戰後的技術擴張與工業發展,1990年代的資訊科技革命(IT revolution),都帶動了提升生產效率與抑制通膨。進入2010年代,第四次工業革命如大數據、智慧自動化等,亦促成了嶄新的技術轉型。

雖然,貨幣政策短期內能調節總體需求,然而從長期角度來看,唯有仰賴生產力革命與技術創新,才能真正帶來經濟穩定。若過度依賴貨幣寬鬆,只會埋下未來經濟波動的隱憂。聯準會雖能透過貨幣工具調控需求,但物價穩定與充分就業,終究必須依靠創新所帶來的生產性飛躍。

也因此,美國近年來積極推動「製造回流」,一方面穩定供應鏈,另一方面投注資源在關鍵技術發展與高階人才培育上。

不論是共和黨或民主黨,對於「製造業回流」都展現出跨黨派的共識與支持。共和黨透過「讓美國再次偉大」(Make America Great Again.)的口號,主打在地生產與基礎建設重建,並以《晶片與科學法案》為主軸,大力扶持美國本土的先進製造業,同時祭出各項誘因,鼓勵海外廠商回流投資。

民主黨則以「打造機會經濟」(Build an Opportunity Economy.)為施政願景，延續並強化晶片法案中的生產補助措施，同時在《降低通膨法案》中擴大綠能產業的回流與在地化，顯示拜登政府並未完全否定川普時代的工業政策，反而在原有基礎上進一步深化與制度化。

由此可見，製造業回流並非哪一個黨派的專屬路線，而是基於經濟安全與國家競爭力所做出的集體判斷，是當前美國戰略轉型的核心支柱之一。

打造製造業復興基礎：能源自主與經濟穩定

若要實現「製造業文藝復興」，一個穩定可靠的電力網與能源供應系統，可說是基本前提。大規模投資電網，不僅攸關製造業的成長動能，也將對美國整體經濟的復甦與永續性產生關鍵影響。透過強化這樣的基礎建設，美國正朝向發展戰略性產業與提升全球競爭力的方向邁進。

特別值得注意的是，美國在經過近六十年的能源結構變化後，終於首次實現能源自給自足——其能源總產量首次超

📈 美國的能源生產與消費

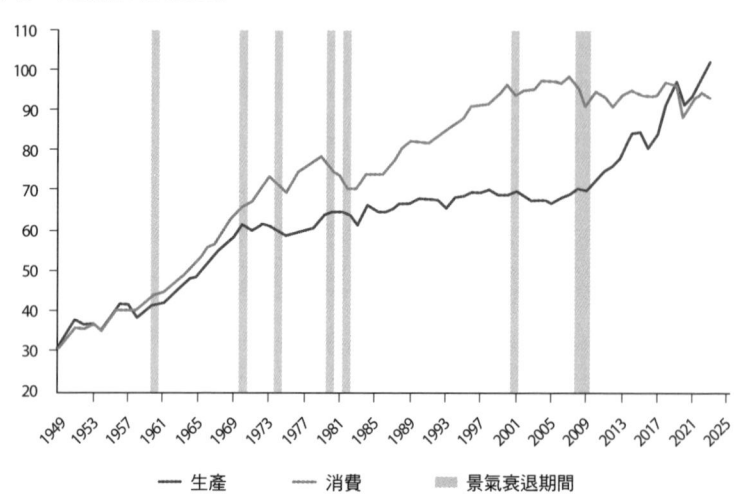

單位：千兆英熱單位（BTUs）

```
110
100
 90
 80
 70
 60
 50
 40
 30
 20
   1949  1953  1957  1961  1965  1969  1973  1977  1981  1985  1989  1993  1997  2001  2005  2009  2013  2017  2021  2025
```

　　—— 生產　　　—— 消費　　　▓ 景氣衰退期間

＊特別說明：BTU（British Thermal Unit，英熱單位）是一種熱能單位，用於衡量來自化石燃料、電力、核能等各種能源的能量。美國能源資訊署（Energy Information Administration, EIA）在提供各國能源統計資料時，使用的單位是「千兆 BTUs」（Quadrillion BTUs，1 Quadrillion = 1000 兆 BTUs）。

資料來源：美國能源資訊署。

越國內消費量。這背後的關鍵推力，包括「頁岩油革命」（Shale Revolution）以及天然氣與石油產量的急速增長，使美國成功轉變為「能源淨出口國」。

　　這項轉變，讓美國對中東地區的地緣政治風險，與國際能源供應鏈的干擾，減少了相當程度的依賴與敏感度，也有

望降低國內能源價格的波動性,進一步強化能源安全。

能源自主同樣可視為一種經濟穩定的防護網。隨著對能源進口的依賴度下降,不但能有效抑制貿易赤字擴大,也減少了因燃料價格上漲所帶來的輸入性通膨壓力。節省下來的進口成本,更可以挹注於國內的產業升級與技術創新。

穩定的能源供應還有助於提高整體生產效率。企業在能源價格穩定的環境下,將可減少營運成本、提升產出效率,進一步放大產業的生產力成效。從能源自給自足到產業競爭力的提升,這是一條具有廣泛正向外溢效果的成長路徑。

總結來說,美國的能源自給,將有助於提升國內外能源市場的價格穩定性。這不僅強化了美國面對國際變局時的韌性,也為中長期的經濟穩定與成長奠定了基礎。未來,穩定的能源供應與高度自給自足的結構,將成為支撐美國製造業投資與生產力革命的重要支柱。

第 **9** 章

美國製造業復興

美國製造業復興戰略

美國設定的目標，是在 2035 年前，將其在全球工業產出的占比從現行的 16% 提升至 20%。若能達成此目標，年產能將提升約 6%，全國電力需求的年均增長率可能推升至 2.3～3.0% 之間。在這個情境下，工業用電在全體用電中所占比重將升高至 36%，這意味著美國製造業正快速轉向高能耗領域。

回顧過去 25 年，美國製造業在資本投入上明顯不足，而這正是「製造回流」政策能否成功的關鍵。唯有透過資本支出提升與技術創新，才有可能實現美國製造業的全面復興，並為美國經濟提供長期穩定的成長動能。

隨著製造業活力回升，未來將會出現一系列推動經濟復甦的「產業級」大型專案。從電力基礎建設、AI 與自動化、再生能源到半導體，這些領域將帶動嶄新投資循環，並支撐長期經濟擴張。

尤其生成式 AI 與自動化技術的進展，將進一步強化美國製造業的效率與競爭力。AI 應用於製程自動化，不僅能大幅降低人力成本，更能全面提升生產效率、產品品質，加快對市場變化的反應速度。這將成為美國與海外競爭對手間

的重要區隔。

目前,美國正積極將 AI 技術導入高階製造領域,例如半導體製程、電動車零件生產與再生能源系統建構等。這不只是產線升級的工具,更是推動整體產業結構轉型的引擎。AI 的演進將不僅止於提升效率,更將開啟全新商業模式,並捕捉新一波市場機會,成為下一階段經濟成長的催化劑。

美國的投資戰略轉向

COVID-19 疫情之後,美國重新穩坐全球最能吸引外國直接投資的國家寶座。2022 年,美國吸引了約 3880 億美元的外國直接投資,幾乎是排名第二的中國(約 1800 億美元)的兩倍。更進一步來看,在對外投資方面,美國同樣走在全球前端。根據 2021 年數據,美國的海外直接投資高達 4190 億美元,居全球之冠。這些數字清楚展現出,美國在全球資本流動中扮演的關鍵角色。

美國憑藉著穩定的投資環境與強大的經濟體質,持續在國內外展開積極活躍的投資行動,也因此成為全球資金的核心磁場。

然而有趣的是，從 2000 年到 2017 年間，美國積極推動製造業外包與對外投資，但同一期間內，貨幣供給雖然大幅擴張，GDP 成長率卻未能同步提升。換句話說，即使資金流動性充足，過度依賴海外投資反而讓國內經濟成長動能趨緩，貨幣與實體經濟間的連動性出現了落差。

因此，美國很可能選擇透過強化 GDP 成長來管理債務比率，並配合適度通膨稀釋債務負擔。這樣的策略，也與當前美國推動供應鏈重組與製造業復興的政策目標高度一致，顯示全球供應鏈重構的速度正在加快。

近年來，美國日益強調透過製造業投資與供應鏈調整，擴大國內的生產能力。供應鏈的縮短，不僅能因應全球不穩定風險，也有助於提高營運彈性，顯示美國正在重新校準其產業布局的戰略方向。

未來，美國將更有可能從對外投資，轉向加大本土投資比重。如此一來，不僅能更有效因應供應鏈波動風險，還能在國內擴大生產動能，掌握產能自主的戰略優勢。

更重要的是，這不只是把工廠「搬回來」而已，而是透過過去 40 年累積的技術實力與政策誘因，重新打造一個更具競爭力的製造體系。國內投資的增加，將有助於降低對外包的依賴、提升在地生產效率，進一步活化整體經濟。

製造回流將引發的產業變革

隨著美國積極推動製造業回流與擴大國內投資,未來全國的電力需求預計將持續攀升。根據摩根士丹利(Morgan Stanley)的預測,從 2025 年到 2035 年,美國整體電力需求的年均成長率將達約 1.5%。其中,工業部門的用電需求年均成長率約為 1.1%,預計到了 2035 年,將占全美總電力需求約 26%。這代表產業用電量將持續上升,也顯示出整體產業結構正經歷一場深層次的轉型。

如果美國成功在 2035 年前,將其在全球工業產出中的占比從 16% 提高到 20%,年產能將增長約 6%。在這樣的情境下,電力需求的年增幅可能來到 2.3%～ 3.0% 之間。

而人工智慧與電動車等新興技術的快速發展,也將對電力基礎設施造成明顯衝擊。隨著製造業回流的進程加速,預估工業用電將占據全美總電力使用的約 36%。這不僅代表美國製造業正在往高能耗產業移動,更預示著電力需求將持續攀升。

對此,電力傳輸網路、科技公司、以及資本財產業,都將迎來新的成長契機。

目前,美國已將「在 2050 年前恢復全球製造業 20% 市

📈 美國製造業投資年均成長率：疫情後，投資成長動能可望回到中國加入 WTO 前的水準

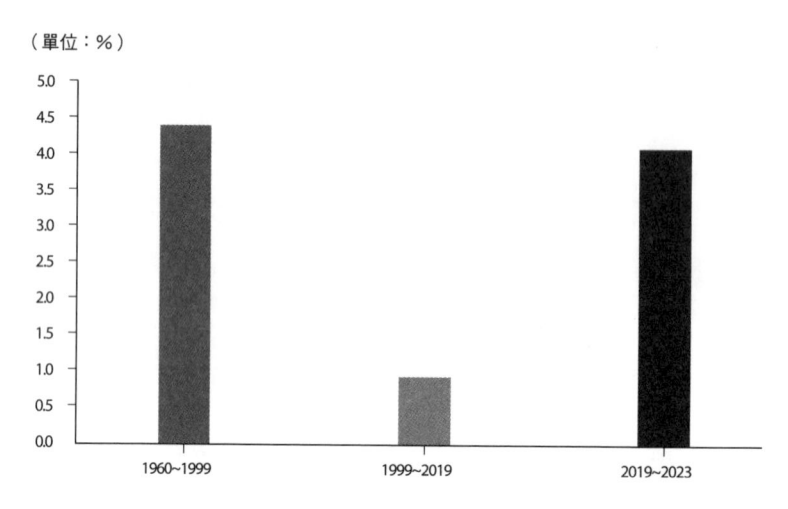

（單位：%）

期間	年均成長率
1960~1999	約 4.4
1999~2019	約 0.9
2019~2023	約 4.0

資料來源：聯合國貿易與發展會議（UNCTAD）、
摩根士丹利研究部（Morgan Stanley Research）。

占率」列為國家目標，這意味著每年約 7000 億美元的新增產出。這一增長將由技術創新與供應鏈韌性的提升所驅動，而要實現此目標，就必須仰賴長期而穩定的製造業投資。特別是那些具規模的「產業級大型計劃」，將會是帶動美國製造業復興的關鍵引擎。

美國「製造回流」的成敗，仰賴持續不斷的投資資本密集型產業。這些投資將成為推動製造業回流動能的關鍵，也將對美國產業股市帶來正面影響，進一步貢獻穩定的獲利與

現金流。

此外，美國國內的智慧財產權（IP）成長預計將加速，為有機產業成長奠定基礎。這不僅可望提升附加價值，同時將帶動軟體服務與售後市場（aftermarket service）的擴張。

美國的製造業回流與再工業化戰略，正受到保護主義與技術創新的雙重推動，這將對未來全球經濟與產業結構帶來深遠變化。資本支出與回流政策的同步推進，將有助於建立穩定的產業根基，並成為美國產業重新起飛的重要鑰匙。

不過，保護主義的擴散可能引發經濟緊張與全球經濟秩序的重組。各國政府必須更加審慎評估，美國製造業回流與再工業化策略對自身經濟的長期影響。

以韓國為例，若韓國企業因應供應鏈重組而選擇赴美設廠，韓國本地製造業的比重可能下降，出口實績亦有下滑風險。相對而言，美國若能擴大本土生產，則具備強化出口競爭力的優勢。最終，在這場製造業供應鏈重構的全球競局中，取得實質利益的，極可能仍是供應鏈重心所在的美國。

第 10 章

製造回流與
保護主義的兩難

國家戰略層級的製造回流政策

美國的「製造回流」政策，早已超越經濟層面的選擇，升格為國家級戰略。雖然，自由市場與自主經濟系統在理論上看似理想，但現實情況往往顯示，單靠市場自發運作，無法處理所有問題。事實上，當過度推崇自由市場時，常常會引發意想不到的社會副作用，最終促使社會呼籲更多規範與干預。這種現象可被視為一種「雙重運動」——市場自由化與社會保護之間的拉鋸。

舉例來說，當自由放任的市場對勞工產生過大壓力，社會便會回應以最低工資法、工時限制等勞動保護措施。市場的自律與社會的干預，不斷在衝突與協調中尋求平衡。

正是在這樣的脈絡下，美國推動的「製造回流」政策，反映出對自由市場的反思，以及對經濟安全保障的重新認識。這不再是放任市場機制全權決定產業分布，而是由政府主動出手，介入重建戰略產業，藉此強化國內經濟的韌性與主控力。

透過此策略，美國試圖穩定本國經濟根基，同時鎖定以尖端科技產業為核心的全球領導地位。換言之，華府正積極尋求一種政策組合：一方面持續擁抱技術創新與潛在成長動

能，另一方面則透過政府有計劃的介入，矯正市場無法自行解決的風險與失靈。

從本質上看，這項政策方向傳達出一個關鍵訊息：與其將所有希望寄託於市場的無形之手，不如透過產業政策與政府戰略性角色的重建，來確保國家的經濟自主與安全。而這正也是當前美國保護主義與製造回流路線的核心邏輯。從創造就業、穩定社會，到強化國力與維持全球經濟霸權，這場「產業再布局」不只是一次短期救火，而是美國未來數十年的根本戰略轉向。

世界政治版圖的急轉彎：保護主義興起與全球化退潮

美國當前的政治氛圍正出現一股明顯的右傾趨勢。無論是民主黨或共和黨，兩黨在政策核心上都強調「美國優先」與「保護主義」的立場。特別是自川普政府時期開始實施的加徵關稅、重啟貿易協議談判、推動「製造回流」等政策，其本質皆是為了保護本國產業、降低依賴海外供應鏈。

即使政黨輪替，這樣的保護主義思維依舊延續。拜登政

府並未全面否定前任政策，反而延續其「國內優先」的基本原則。隨著 2025 年川普再次入主白宮，預期這股政策基調將更為強化，並持續對全球經濟與金融市場產生深遠影響。

這類趨勢並不僅限於美國。歐洲多國如西班牙、瑞典、義大利、法國等，也紛紛由右派或極右政黨崛起主導，推行以「國家利益」為優先的政治綱領。在此脈絡下，反移民風潮愈發高漲，同時出現了取消遺產稅與贈與稅的減稅主張，搭配企業友善的稅收政策，都預告著歐洲經濟結構即將面臨重大轉變。

這股保護主義浪潮，對全球供應鏈而言無疑是一項挑戰。當各國強化自我保護機制、提升貿易壁壘，勢必增加跨國貿易的制度與成本負擔，對全球經濟成長構成壓力。在這當中，「美國優先」尤其會在製造業與能源產業發揮巨大影響力，推動資本回流本土，卻也可能加劇與其他貿易夥伴的摩擦與矛盾。

在此趨勢下，美國積極推動 AI、半導體與電動車等戰略性產業的再本地化生產，不僅意在創造更多國內就業機會，同時是一種強化經濟主權與國安考量的策略。這些政策在全球疫情與供應鏈危機的背景下被合理化，成為合理的主權防禦。

然而，這類策略雖在短期內對本國經濟有刺激作用，長期而言卻可能導致經濟孤立化，甚至升高地緣政治與國際貿易的緊張局勢。當全球經濟的連結性削弱、互信基礎遭到破壞，最終可能將世界推向更深層的不平衡與衝突。

永續的經濟秩序勢在必行

回顧歷史，在 19 世紀末至 20 世紀初，主要強權國家為了保護本國經濟，紛紛實施保護主義政策。當時，各國透過提高關稅、限制進口等手段，以扶植本國產業並強化經濟自主。然而，這樣的政策結果並不理想。隨著經濟蕭條加劇，各國進一步築起更高的貿易壁壘，試圖維護本國產業，結果卻是導致經濟孤立，並加速國際貿易的萎縮。

各國之間的經濟緊張與競爭也隨之升高。最終，在保護主義引發的對立與對抗中，全球陷入兩次大規模戰爭。一次與二次世界大戰，正是這場國際經濟緊張局勢走向極端的歷史後果。

目前美國正加速推動製造業回流，其背後目的已不僅止於經濟層面。若美國持續採取保護主義立場，試圖重組全球

貿易秩序，不僅將升高國際經濟緊張情勢，也可能與其他國家爆發摩擦。

特別是像中國這類主要競爭對手，若為了防衛本國經濟，也採取類似的保護主義政策，將可能導致全球貿易壁壘抬高，進一步擴大經濟對立的格局。目前，美中兩國已深陷貿易戰與科技主導權之爭，而這場角力甚至存在從經濟衝突升級為軍事對抗的風險。如果全球保護主義持續蔓延，各國為了守護自身經濟利益，勢必會採取更為強硬的政策立場，進而對國際秩序與地緣政治穩定構成實質威脅。

因此，美國與其他主要國家在實施保護主義政策時，應更加審慎，並尋求一種更具平衡性的路徑——一方面維護本國利益，另一方面也不脫離以自由貿易與全球合作為基礎的經濟架構。在這個全球高度相互依賴的時代，若各國只顧自身利益、採取封閉政策，反而可能引發更大的國際衝突與不穩定。

從長遠來看，若要兼顧經濟繁榮與國際和平，比起一味訴諸保護主義，各國更應採取強調合作與共存共榮的政策導向。為了避免製造業回流與保護貿易再度重演過往的惡性循環，美國與其他主要經濟體必須攜手合作，共同打造一個更具韌性與永續性的全球經濟秩序。

第四部

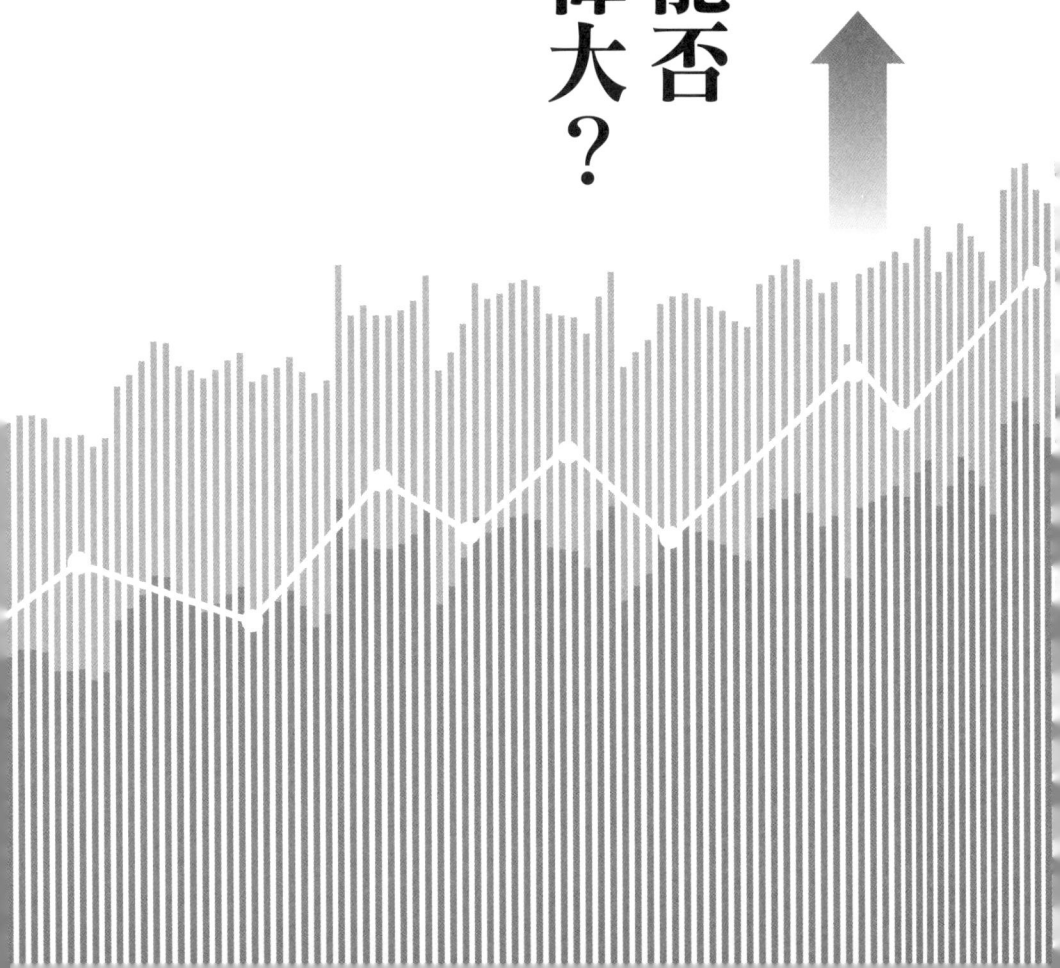

美國能否再次偉大?

第 **11** 章

世界最強的國家
——美國

美國成為全球貿易的中心

回顧歷史上帝國的興衰與保護貿易政策所扮演的角色，可以看出一條清晰的脈絡。

17 世紀，荷蘭主導了全球海上貿易，帶來了商業上的繁榮。然而，對自由貿易的過度依賴，最終導致其喪失經濟競爭力而走向衰退。雖然，當時的「荷蘭東印度公司」（VOC）一度壟斷全球貿易，累積了龐大的財富，但隨著其他國家陸續參與全球貿易，荷蘭的經濟優勢逐漸喪失。此外，為維持其海軍軍力所需的龐大成本與不斷累積的債務，也加速了荷蘭的衰敗。

到了 18 世紀至 19 世紀中葉，英國則透過保護貿易政策，鞏固國內產業與全球霸權地位。尤其像《穀物法》（Corn Laws）等政策，保護了本土農業，成為英國得以透過工業革命主導全球經濟的基礎。

然而進入 19 世紀後期，當英國逐步轉向自由貿易體制後，卻面對來自新興競爭者的急起直追。美國與德國的快速崛起，削弱了英國的領先地位。

在英國逐步式微的同時，美國則以保護貿易為工具，強化自身工業體系並崛起為世界強權。19 世紀後期，美國透

過關稅制度保護本國製造業，並藉由第二次工業革命大幅發展鋼鐵、鐵路與石油產業，奠定了經濟基礎。兩次世界大戰期間，美國憑藉大規模的軍需品供應與對外放貸，積累了龐大財富，進而站上全球經濟的核心。

進入 20 世紀後半，美國改走自由貿易的路線，成為全球貿易體系的樞紐。然而到了 21 世紀，中國的快速崛起對美國構成了全新挑戰。

中國透過經濟增長，逐步成為在全球貿易與科技領域中，威脅美國的重要競爭者。特別是在高科技領域，中國的迅速擴張對美國構成實質性的威脅。進入 21 世紀後，美國在半導體、AI、5G 等尖端產業領域上，面臨來自中國的正面挑戰。

為了應對這一局勢，美國正透過保護貿易政策來防禦並強化本國的關鍵產業。美國深知唯有持續推動創新、促進經濟成長與產業升級，才能維持其全球霸權。因此，美國正聚焦於高科技領域的領導地位，並將資源投注於教育、研發與基礎建設的擴充上，以確保其長期的戰略優勢。

支撐美國霸權的力量

從歷史的長河來看，比起單純的物質利益，「階級利益」與「維繫霸權的意志」往往更為關鍵。這樣的現象與其說是經濟邏輯，不如說更像是一種社會現象。當世界局勢陷入危機，過去那種以妥協為解方的模式便會瓦解，隨之而來的，往往是階級對立或國與國之間的激烈衝突。

經濟運作從來不是像數學那樣的線性體系。美國是否選擇「印鈔」，不只是單一的貨幣政策決策，而是與如何重新編排經濟結構、如何描繪經濟藍圖，息息相關。美國發行貨幣的背後，並非單純對經濟指標的機械式反應，而是一場結合政治戰略與經濟目標的綜合性設計工程。

所謂「國力」，其實是一個國家在經濟、政治、外交與軍事層面整體實力的總和。而在美國所有的優勢中，最能支撐其國力中樞的核心，就是「美元的霸權地位」。眾所周知，美國擁有全球最強大的經濟實力，也因此得以在全球經濟體系中擔任關鍵角色。

那麼，究竟美國是如何重塑全球經濟秩序的？答案是：透過主導像國際貨幣基金、世界銀行等一系列國際組織，美國掌握了國際經濟體系的話語權。而在這些體系裡，美元始

終是基本的交易媒介。

美元之所以能成為「國際金融市場的儲備貨幣」（Reserve Currency），可追溯至 1944 年的「布雷頓森林體系」。自那以後，無論是國際貿易、投資還是資本移動，美元幾乎都是不可取代的核心貨幣。

而這樣的金融優勢並非空穴來風。美國在高科技、製造業與服務業領域，皆穩居世界領導地位。像矽谷這樣的科技創新重鎮，更讓美國在全球技術版圖中站上最前線。正因為這種技術優勢，美國的經濟生產力不斷推升，全球對美國產品與技術的需求也始終居高不下。

此外，美國本身就是一個超大型的消費市場，是全球眾多出口國家夢寐以求的銷售對象。再加上與各國簽訂的自由貿易協定，使得美國在全球貿易體系中維持強勢地位。美元能夠穩坐國際主要結算貨幣的寶座，其根本原因，就是來自美國龐大的經濟規模與深厚的生產實力。

第 **12** 章

美國如何維持霸權地位？

從財政支出結構，看美國經濟重組布局

在美國聯邦預算編列的體系中，政府支出大致分為「裁量性支出」（discretionary spending）與「強制性支出」（mandatory spending）兩大類。

所謂裁量性支出，是指每年需經國會審查並批准的預算項目，例如國防、教育與基礎建設等。而強制性支出則涵蓋如社會保險（Social Security）、醫療保險（Medicare）等福利制度，屬於依法律保障、無需年年重新審核的預算。

從歷史變化來看，1970 年代以前，裁量性支出一度占聯邦支出的 70％。但自那之後，這個比重逐年下滑，目前已降至僅剩約 30％；相對地，強制性支出則從 30％ 飆升至 60％，成為聯邦財政的主體支出來源。

這樣的結構轉變，與美國製造業的衰退軌跡幾乎同步。換言之，當美國將更多預算資源導向社會福利、而非資本性建設或產業投資時，其產業競爭力也逐步流失。

然而，在 COVID-19 疫情爆發後，一切出現了轉向。

為了因應疫情引發的景氣衰退與失業風險，美國政府推出前所未見的大規模財政刺激措施，包括公共衛生支出、企

📈 美國聯邦政府支出結構比重變化趨勢

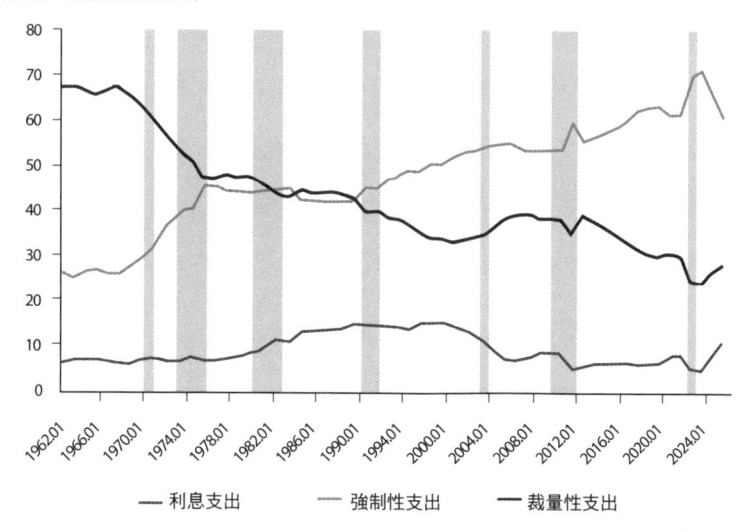

（單位：占總支出百分比）

—— 利息支出　—— 強制性支出　—— 裁量性支出

資料來源：美國國會預算處。

業與個人紓困補貼、緊急援助計劃等。這波龐大的支出，促使裁量性支出占整體預算的比重出現逆轉性的回升。

更值得注意的是，疫情之後，美國政府加碼對基礎建設與未來戰略產業（如新能源、AI、自動化）進行長期投資，這些投資支出多半也屬於裁量性支出的一環。因此，從財政架構來看，美國正試圖透過預算的重新配置，重啟經濟增長引擎、重建其製造業基礎與科技領導地位。這不只是調整支出，更是一場國力再造的政策轉向。

相較於過去，美國如今可靈活運用的預算資本已大幅受限，因此政府將資源集中投入於半導體、AI、先進製造與能源轉型等具未來潛力的產業領域。這些高附加價值產業被視為未來經濟的關鍵驅動力，成為政策「選擇與集中」的主要對象。然而，由於義務性支出的持續增加，壓縮了可供調度的裁量性預算空間，政府因此透過稅賦減免、放寬監管與吸引外資等政策手段，推動產業重建。

同時，政府也強化與民間部門的合作，藉此籌集所需的資本與技術。例如，美國政府推動「多供應商協議」，確保能彈性取得關鍵的雲端服務資源。具體而言，2022年12月，美國國防部與亞馬遜（Amazon）、Google、微軟（Microsoft）、甲骨文（Oracle）四家公司，簽署了名為「聯合作戰雲端能力」（JWCC）的專案合約。該專案總金額高達90億美元，預計將執行至2028年，屬於一種多供應商合約架構，允許國防部直接從多家民間雲端服務業者獲取商業雲端解決方案。

2024年9月，微軟與貝萊德（BlackRock）共同啟動一項高達300億美元的「AI基礎建設超級基金」，目的是強化美國在AI領域的戰略競爭力。該基金將投入資料中心、晶片製造與能源相關基礎建設，未來甚至可透過槓桿化擴大至1000億美元。這些布局反映出美國有意在全球地緣政治

風險升高的背景下,降低對敏感國家的科技依賴,同時鞏固國家安全與經濟發展的雙重目標。

為維持經濟霸權所必須的軍事力量

軍事力量也是維繫美元霸權不可忽視的因素。美國擁有全球最強大的軍事實力,這對於維持全球秩序與經濟穩定扮演著關鍵角色。軍事力量與經濟影響力密不可分,是美元能維持霸權地位的重要物理基礎。

美國擁有世界最大的國防預算,並透過遍布全球的軍事基地,得以展開全球軍事介入。藉此,美國得以維持全球穩定,提升美元作為安全價值儲存手段的信任度,這對於維繫美元在國際經濟體系中的地位具有重大作用。

此外,美國透過北大西洋公約組織(NATO,以下簡稱北約)等軍事同盟,在歐洲、亞洲與中東等地發揮強大的軍事影響力,也進一步促進經濟穩定。這樣的軍事能力,是美國維繫全球經濟秩序,以及讓美元在國際金融體系中持續保持優勢的關鍵因素。

正如所見,美元的霸權地位並非僅有依賴經濟因素,而

是軍事、政治與外交等多重要素交互作用的結果。美國透過提供全球軍事穩定、發揮強大的外交影響力，使美元即便在危機情勢下，依然能作為穩定價值的貨幣存在。

美國在全球金融體系中已成為穩定的標準。以華爾街為核心的美國金融系統，為全球投資者與企業提供了安全且值得信賴的投資環境。因此，當經濟衰退或金融危機發生時，全球投資人往往會將資金轉向美元這一安全資產。

近年來，中國的人民幣等其他貨幣，開始逐漸在國際貿易與金融中擴大角色，挑戰美元的霸權。然而在國力、生產力與軍事力方面，美國所擁有的壓倒性優勢仍難以撼動。

美中霸權競爭：從海洋擴展至太空

美國一方面透過保護主義政策保護本國產業，另一方面也加強與盟國之間的合作，以維持其全球影響力。除了透過北約實現安全合作之外，與日本等亞洲盟友的經濟合作，也成為牽制中國擴張的重要因素。

國際情勢分析家喬治·弗列德曼（George Friedman）指出，軍事力量是維持霸權的核心要素。美國在第二次世界大

戰後,接手了英國的海上軍事力量,建立起全球最強的軍事實力。特別是海軍力量,一直是美國維持全球霸權的重要工具,使其得以擴展經濟與政治影響力。

弗列德曼強調,軍事力量如今不再局限於陸地與海洋,而是擴展到太空與網路空間。美國正積極進軍太空領域,將軍事影響力延伸至外太空,這將與中國的霸權競爭中扮演關鍵角色。美國設立「太空軍」的舉措,象徵著太空將成為未來戰爭的重要戰場。中國也正強化其太空軍事能力,顯示美中之間的霸權之爭,已經超越地球疆界,延伸至宇宙領域。

美中之間的軍事緊張局勢,在南海地區表現得尤為明顯。中國試圖擴張其海洋主權,而這與美國在海洋霸權上的利益產生衝突。倘若南海發生軍事衝突,其影響將不僅止於區域性的糾紛,極可能擴大成針對全球能源供應鏈與海上貿易航道的衝突。

此外,回顧歷史,石油曾是兩次世界大戰中最重要的資源;但在未來的戰爭中,電力供應將成為更關鍵的戰略資源。掌握電力網路的軍事霸權競爭,將延伸至網路戰、AI以及太空領域的技術競賽。在這樣的背景下,美中之間的軍事對抗,正從傳統武器的角力,轉變為技術霸權的爭奪戰。

社會穩定與經濟平衡的挑戰

要維持霸權地位，社會穩定是不可或缺的關鍵要素。美國當前正面臨日益擴大的貧富差距與經濟失衡問題，這是必須解決的重大課題。為此，政府亟需透過稅制改革與再分配政策，提升中產階級與低所得族群的經濟地位。這不僅有助緩解社會不滿情緒，更能在政治上抑制極端主義的蔓延。

國際局勢觀察家弗列德曼認為，超過7%的經濟成長率有助於抑制因貧富差距擴大所引發的社會動盪。我對這個觀點也表示認同。因為，當經濟名目成長率超過7%，整體經濟規模能以極快速度擴張，讓中產與低所得階層實質感受到成長紅利。在這種高速成長的情況下，薪資上漲、失業率下降、教育與職訓機會增加等現象將同步發生，有助緩和社會不安。

換句話說，經濟穩定性本身就是支撐霸權的重要基礎。當經濟順利成長，能降低社會壓力，亦有助於防止政治走向極端化。

與弗列德曼的觀點不同，橋水創辦人瑞・達利歐則提出另一種警告：歷史上的每一個帝國，最終都因為無法解決內部的貧富差距與經濟失衡，而走向衰敗。達利歐指出，高薪

資、過度債務與貿易赤字等問題，會加速儲備貨幣國的沒落。美國目前正面臨這些問題，特別是近年來貧富差距日益擴大，導致社會不安日漸加劇。

從這樣的分析來看，若美國無法有效解決自身的結構性經濟問題，即使當前在軍事與科技上仍具領先優勢，也有可能失去全球霸權的主導權。而中國等競爭對手的崛起，更將對美國構成長期壓力。

在此脈絡下，美國推行保護主義政策，可以視為一種「經濟民族主義」的展現，目的是為了保護本國勞工與中產階級。隨著全球化與自由貿易的深化，美國本土的製造業工作機會大幅減少，收入分配也更加不均，於是保護措施被視為回應這一困境的手段。透過「美國優先」（America First）政策，政府試圖重建本國就業市場，並恢復中產階級的經濟實力。這類保護政策，正被定位為一種長期致力於穩定國民經濟與矯正所得不均的戰略努力。

展望未來，美國能否穩固其霸權地位，將取決於能否同時掌握技術領導力、鞏固盟邦關係，以及確保社會穩定。這是一套從歷史興衰循環中學來的戰略選擇。

第 13 章

AI 時代的霸權之爭

美國主導的 AI 與半導體，
發展到哪一步了？

目前的美股市場呈現出「獲利驅動型」格局，尤其是以 AI 和半導體為代表的主導產業，幾乎囊括了整體市場的大部分利潤。以標普 500（S&P500）為例，市值排名前十大的企業在過去一年中，貢獻了整體獲利增幅的 63%，成為帶動整體市場上行的主要動能。

專注投入 AI 的大型科技企業，正在逐步取代傳統產業與過往競爭者，持續擴大其市場份額。例如亞馬遜鞏固了在零售領域的主導地位，Google 與 Meta 則不斷擴展媒體與數位廣告市場的版圖。

目前的 AI 發展週期仍處於基礎建設階段，這個階段的關鍵在於大規模運算能力與投入高階 AI 工程人才。雖然 AI 伺服器與相關開發成本極高，但能負擔這種燒錢規模的，多半是資金雄厚的美國大型科技企業。在一般技術產業中，一項熱門技術可能造就多家受益者；但在 AI 領域，卻出現如輝達（NVIDIA）這類藉由技術優勢實質壟斷市場的趨勢。

從整體趨勢來看，當前的 AI 週期仍處於基礎建設為核心的早期階段。然而，隨著這些基礎建設陸續完成，未來將

可能進入中段期,並進一步朝向 B2C 應用擴展。屆時,AI 將從過去以 B2B 為主的敘事邏輯,轉向更貼近消費者端的服務創新,開啟更多中小型企業的進場機會。

一旦進入週期後段,以美國為首的全球經濟可能迎來一波由 AI 驅動的榮景。目前 AI 與半導體的主要買家需求仍持續增長,同時非金融企業的淨利率也在改善。整體而言,美國景氣仍處於穩健區間,但潛在成長率仍未回到過往高峰,尚未構成全面大多頭的格局。

從美國 ISM 製造業指數等領先指標來看,目前 AI 的爆發動能尚未完全啟動,這佐證了目前仍屬於布局與蓄勢階段。因此,短期內 AI 與半導體主導的獲利結構,不太可能出現劇烈變化。但更值得關注的,是未來若有某項 AI 應用或技術產品能快速打入市場,那將可能成為引爆產業連鎖反應的觸發點。此時的重點,在於高度關注市場訊號,並及時捕捉真正能帶動下一波浪潮的創新突破。

透過 AI 產業成長推進的美國戰略

AI 技術橫跨國安、情報與系統治理等多個關鍵領域,

將成為左右國家實力的關鍵。未來，AI 產業勢必會成為經濟成長的核心驅動力。

因此，美國選擇採取較為寬鬆與彈性的監管政策，以鼓勵創新與成長的動能。這不僅是推動科技產業的選擇，更是強化美國在全球經濟秩序中的主導地位、並維持其國際影響力的關鍵戰略。

美國政府認為，AI 將在全球霸權競逐中扮演關鍵角色。正因如此，他們在 AI 發展初期便刻意放寬法規，讓企業在能承擔一定風險的前提下，有足夠空間進行自由探索與技術實驗。這種對創新的制度容忍，目的是支持這個與傳統產業截然不同的高速演化產業持續推動創新。

美國之所以對 AI 採取制度彈性，不僅反映其對經濟成長的期待，更顯示出背後深層的國家戰略。因為，AI 被視為未來國防、經濟與社會治理的核心技術。搶占 AI 技術主導權，也意味著在全球秩序中維持戰略主導地位的可能。

此外，由於尖端科技的發展速度極快、應用範圍極廣，若監管過於僵化，反而可能抑制創新的潛力。尤其在 AI 領域，隨著技術演進，社會、倫理與法治上的挑戰將層出不窮。若政府在初期即設下過多限制，恐將削弱企業的研發動力與技術突破的意願。

某種程度上，AI 的創新進程近似於「大航海時代」的新大陸探險。正如哥倫布與當代探險家開啟未知航道一樣，AI 正引領人類邁入從未經歷過的技術疆界。因此，美國政府將 AI 產業視為一場現代版的探險任務，並嘗試維持其冒險與創新的精神。

未來，美國極有可能將政策資源優先投注於早期階段的創新型新創與風險企業。這些公司雖承擔高風險，但也透過激進的研發模式推動技術演進。許多成功的技術商業化過程，其實誕生於這類尚未獲得完整法規保障的創新實驗。

如果美國政府願意在 AI 等前沿技術領域上，提供彈性制度與創業友善的環境，那麼這些創新企業將能在較少的合規負擔下，專注於技術研發與商業化進程。

總結來說，AI 等尖端科技將在未來的經濟與國安領域中，扮演關鍵角色，而這需要快速、連續的技術創新。為了達成這個目標，必須建立一個政策環境讓企業能自由實驗、迭代與開發。透過這樣的布局，美國將能鞏固其在 AI 等先進技術領域的全球領導地位，並持續擴大其技術主權。

AI 技術的發展過程勢必伴隨風險與爭議，但美國政府選擇以承擔風險的姿態推進創新，藉由政策上的判斷與布局，為 AI 產業打造具備全球競爭力與領先優勢的舞台。

AI 產業，影響就業市場與提升生產力

乍看之下，AI 產業的擴張似乎會對就業市場產生負面影響。特別像是客服中心、電話行銷，以及其他業務流程外包（BPO）等相關工作，普遍認為將直接受到 AI 的取代衝擊。因此，當大型科技公司積極推動 AI 產業擴張時，人們容易聯想到，這會導致像菲律賓與印度等 BPO 大國的失業率迅速攀升。

但有趣的是，即便 AI 持續擴散，這兩個國家的失業率卻沒有明顯上升。為什麼會如此？

這是因為，菲律賓與印度正透過科技服務、軟體開發與創意性工作的興起，主動適應勞動市場的結構轉變。AI 雖然淘汰了大量重複性、制式化的工作，但同時創造出需要更高複雜度與創造力的新型態職位，進而為這些國家帶來新的經濟成長契機。

隨著 BPO 業務大量導入自動化，企業能以更高效率完成更多工作，這不僅提升了生產力，也為整體經濟注入動能。而生產力提升，最終可能轉化為更高的薪資與更佳的工作條件。換言之，勞工不是單純地「失去工作」，而是有機會在更有競爭力的經濟環境中，找到更好的職涯發展。

美國也觀察到類似趨勢。2024 年 9 月，在聯準會宣布降息後，聖路易聯準銀行（St. Louis Fed）發布了一份研究報告指出，AI 的普及有望將美國生產力提升 0.2～0.7 個百分點。該研究指出，AI 技術進展將對美國經濟的生產效率帶來深遠影響。

這個發現，甚至可能對「美國潛在成長率」的既有估值帶來根本性改變。像美國國會預算處等機構在進行潛在成長率預測時，若尚未考量 AI 的廣泛導入，那麼在重新評估後，美國的潛在成長動能或許將被大幅上修。

總體而言，AI 不只是促使勞動市場轉型的工具，還是帶動生產效率上升與經濟長期正向循環的關鍵技術之一。雖然，短期內利率政策可為經濟提供刺激，但若 AI 能實質推動潛在成長率的提升，那麼它將有助抑制長期的通膨壓力，並為經濟創造可持續的成長基礎。

大型科技企業的資本支出與 AI 投資趨勢

被稱為「美股七雄」（Magnificent 7）的七家大型科技公司：亞馬遜、輝達、Google、Meta、微軟、Apple 與

特斯拉（Tesla），自 2020 年 3 月以來，資本支出（Capital Expenditures, CapEx）便持續擴大。特別是在 2022 年之後，這些企業的資本投入呈現明顯上升的趨勢。

這波資本支出擴張的核心，正是以 AI 為首的尖端科技。這現象打破了傳統經濟學的理論預期，儘管目前聯邦基金利率處於數十年來的高點，但升息對這些科技巨頭的資本支出決策，並未產生預期中的抑制效果。原因在於，這些企業將資源配置的優先順序，放在技術創新與市場擴張上，而非利率成本。

值得注意的是，不同企業之間的資本支出差異也非常顯著。像亞馬遜與微軟的資本支出比率，就明顯高於其他企業，這顯示各公司在商業模式與投資策略上存在差異。

亞馬遜與微軟高度聚焦於 AI 與雲端運算，正是推升其資本支出的主要動力。

即使處於高利率環境，企業對 AI 等前沿科技的投資仍未趨緩，這說明了——技術創新已經成為經濟成長的核心驅動力。

傳統上，利率變動被視為企業投資行為的關鍵變數，但現階段的情況顯示，企業對 AI 的投資已躍升為戰略核心，

📈 M7 的設備投資資本支出

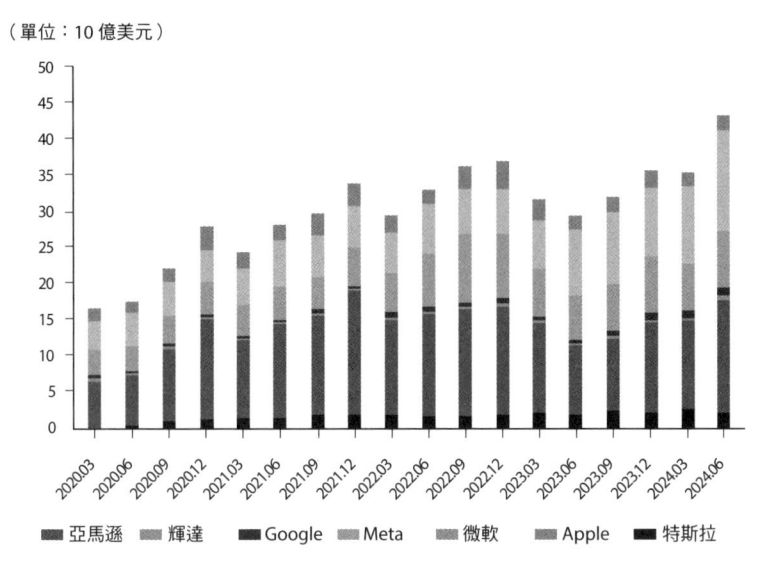

（單位：10 億美元）

■ 亞馬遜　■ 輝達　■ Google　■ Meta　■ 微軟　■ Apple　■ 特斯拉

資料來源：彭博社。

反而減弱了利率的抑制作用。

總結來說，聯準會的升息對這些科技巨頭的資本配置影響力顯著下降，反映出企業對 AI 投資的高度決心與戰略信心。AI 及相關新技術將持續成為這些企業未來成長的支柱。這樣的資本配置趨勢，也為整體科技產業釋放出強烈的正向訊號。

AI──新霸權武器

AI 技術所帶來的智能與數位破壞力，與傳統的物理武器有本質上的不同。核武器造成的是物理破壞與生命損失，因此其威脅性引發了軍事威懾與國際協議的出現。相比之下，AI 所具備的是癱瘓數位經濟與資訊系統的能力，而非直接造成物理傷害。

這種數位破壞力可能透過資訊扭曲、經濟擾亂、網路攻擊等形式展現。與傳統武器相比，AI 對國家經濟與社會體系的威脅範圍更廣、更深遠。

資訊與經濟控制所形成的數位霸權，甚至可能比單純的軍事力量產生更大的影響力。因此，AI 霸權不只是技術優勢的體現，更有可能成為改寫全球秩序的關鍵力量。

如同核武的有無決定了一個國家是否具備強權地位，AI 技術的領先與否，同樣將深刻影響一個國家在全球經濟與安全體系中的話語權。未能確實掌握 AI 技術的國家，將在數位時代中處於「非擁核國」的地位，面臨更嚴重的政治與經濟依賴。

例如，AI 技術領先的國家若將該技術武器化，實施制裁或政治壓迫，技術落後的國家將難以反制，進而深化不對

等關係。換句話說，AI 成為強權強化其政治與經濟霸權的有效工具。

與此同時，AI 的跨國傳播特性，使其比核武更難以控制。核武尚可透過國家間的協定與物理監控管理，但 AI 在民間與軍事應用密不可分，導致實質的監管困難。例如，AI 支援的網路攻擊、資訊操作、經濟系統擾亂等，雖無實體毀滅力，卻能對國際社會造成深遠的不穩定性。

因此，若 AI 被定位為數位時代的「新霸權武器」，全球治理就成為必然課題。國際社會必須迅速建立全面的規範與倫理標準，以便防止 AI 技術的非對稱使用而引發全球不穩定。

我們可以從核武的歷史學到教訓：其發展初期幾乎無倫理與國際性討論，直至技術實現後才開始有限度的國際管制。AI 如今也正面臨類似情況。技術高速發展，但倫理與社會責任的討論明顯滯後。

尤其當 AI 成為軍事與經濟影響力的重要工具時，更應設立規範，以避免其加劇國家間的不平等，固化數位落差。當 AI 領先國家開始透過技術施加壓力或影響力時，國際社會將不得不面對「如何管理這場無形武器的風險」。

未來極有可能出現以 AI 倫理、公平性與安全性為核心的全球協議與規範框架。這些協議將著眼於因應 AI 技術可能引發的社會與經濟問題，並防止其濫用為權力工具。

總結來說，AI 霸權之爭，涉及的不僅是技術競爭，還包括因科技差距帶來的國家間不平衡、政治依賴、資訊戰等多重衝突面向。若將 AI 視為新一代的戰略武器，全球治理將是維持穩定的關鍵機制。

隨著 AI 技術的不可逆擴散，國際社會必須建立「促進責任、合作與共識」的治理機制，確保 AI 的發展能朝向符合人類整體福祉的方向前進，而非淪為新型壓迫工具。

而我們也應對此進行深刻反思與積極準備。面對 AI 所帶來的龐大經濟與社會衝擊力，不僅需投入技術開發，更應擬定涵蓋國際合作與倫理責任的全方位國家戰略。

第 **14** 章

川普 2.0，
延續美國優先主義

川普的政治戰略

在現代資本主義社會中,資本與勞動的自由流動,是新自由主義為了極大化經濟利益所主張的核心原則之一。但在這個過程中,真正受益的是擁有資產與資源的富裕階層,反觀多數勞工卻承擔了愈來愈沉重的經濟壓力,導致社會結構性不平等日益擴大。這樣的結構失衡最終轉化為民眾的不滿與怒火。

川普精準掌握這股「被犧牲者」的情緒,將民怨轉化為自己的政治動力。他指控擁有海外資產的跨國企業與菁英階層,正是侵蝕一般美國人民利益的罪魁禍首,同時煽動對主流政治體制的不信任。

他將自己定位為體制外的「異類候選人」,宣稱能夠解決傳統政治菁英無力解決的問題。藉由這種反體制、反建制的訴求,川普成功吸引了一大批失落選民的支持。他進一步透過製造替罪羔羊、操弄民族主義情緒,凝聚政治能量。像是「美國優先」這類口號,正是他訴諸群眾情緒、鞏固選票的代表手法。

他主張保障美國勞工的就業權與工資成長,強調對外貿易協定重新談判,並強化移民管控,以消除大眾心中的經濟

焦慮感。從反對自由貿易、提高關稅，到發動貿易戰，川普的每一步政策行動，都強烈傳達出「我正在為美國勞工出頭」的政治訊號。

這種煽動群體怒氣，再引導至有利於自身的政治戰略，其實與歷史上法西斯主義或國家社會主義的動員邏輯頗為相近。川普式民粹話術成功地將制度下的結構問題，簡化為「某些人害你變窮」的情緒訴求。

然而諷刺的是，川普也是既得利益者之一。他一邊聲稱要替人民出氣，一邊在施政中顯露出維護自身政治與經濟利益的強烈傾向，讓他的政治論述充滿矛盾與雙重標準。

川普 2.0 的美國經濟會走向何方？

川普重返白宮後，他的經濟政策可能會走向「雷根經濟學」（Reaganomics）的現代版本。我認為，這將是川普 2.0 的主要政策方向。

雷根經濟學的核心理念是，透過吸引資本流入、帶動匯率升值、穩定利率，再推動經濟成長，創造出正向循環的經濟增長模式。雷根時期的強勢美元政策，壓抑了進口物價，

再加上高利率，有效壓制了當時的通膨問題。這個策略，成為激進貨幣政策理論中的經典案例之一，也藉由導入大量海外資金，成功抵銷財政赤字與貿易逆差，實現經濟擴張。

因此，川普二度執政極有可能沿用類似的路線。

現任美國財政部長史考特・貝森特（Scott Bessent）所提出的「333政策」，正是雷根經濟學的升級版。這套政策包含三個關鍵元素：

1. **將財政赤字壓低至 GDP 的 3%**：以此提升財政紀律，強化投資人信心，進一步吸引資金回流美國；

2. **推動 3% 的年經濟成長目標**：透過放寬法規限制，激勵企業投資與生產力提升，創造成長正循環；

3. **每日增加 300 萬桶的原油產能**：藉由提高能源自給率、壓低能源價格，降低企業與家庭成本，提升美國整體競爭力。

這三者若能成功協同，將有機會構築出以強勢美元與強勁經濟為基底的「自我強化循環」，重現類似雷根時期的增長榮景。

但也不能忽略雷根時代的教訓。當時,美國固然成功壓制了通膨、刺激成長,甚至助推了冷戰終結,卻也留下了雙赤字(貿易赤字與財政赤字)惡化與擴大所得不均的長期後遺症。貝森特的「333 政策」是否能擺脫這些結構性風險,仍待觀察。尤其若未能妥善管理貿易逆差與短期資本流入,可能會引發金融市場的動盪。

儘管如此,川普與其團隊展現出比雷根更強的企圖心,不只是要模仿當年的榮景,而是希望突破其未竟之志,真正實現雙重改善赤字。這樣的意志,也體現在川普歷來主張的保護主義與「美國優先」政策中。

更值得關注的是:無論美國總統選舉結果如何,整體美國社會的意識形態,已經朝保守與右傾的方向傾斜。這表示,就算白宮換人,美國仍可能持續走在雷根經濟學的軌道上。對大企業有利、主張本國優先的政策,將成為主流經濟戰略。

至於川普曾經大力主張的「弱美元政策」,在他第二任期的初期,不見得會立即施行。反之,更可能如同雷根當年那樣,先走「強美元、壓通膨」的路線穩定經濟,再於中後期轉向「弱美元」策略,以調整出口與成長結構。

第 15 章

美債的政治任務？

美國為何消極處理財政赤字？

在 COVID-19 危機期間，美國的 GDP 對比國家債務比率創下歷史新高。這樣的數字，讓許多投資人對美國債務水準感到憂心。

但我們不能僅從「赤字狀態」的負面角度來看待這一現象，更該關注的是：美國為什麼選擇消極處理赤字財政？這背後不只是為了提振經濟的短期手段，更深層的是美國正試圖藉此重構其經濟體質，甚至重新設計未來的全球經濟秩序。這是一項具有戰略層次的判斷與布局。

從歷史來看，赤字財政一向被當作經濟重組工具。例如雷根時期，與其說財政赤字被削減，不如說是進一步擴大。當時的美國透過「強勢美元」與「高利率政策」，壓低進口物價、穩定通膨，並成功推動整體經濟成長。與此同時，龐大的外資資金湧入，在很大程度上抵銷了財政與貿易雙赤字壓力，推動經濟穩健擴張。這段經驗凸顯出：財政赤字並非一味拖累，更是一種決定國家經濟走向的戰略工具。

即使在川普 2.0 政權下，美方表面上釋出「削減財政赤字」的意圖，但在實際運作上，赤字持續的可能性仍高。美國之所以發行大量國債，絕不只是因應經濟數據的表面變

動,更要放在「政治目標」與「經濟願景」交織的背景下來解讀。它所承載的,是美國維繫全球霸權、重塑產業結構,並實現長期增長藍圖的關鍵工具。

因此,當我們談論美國的國債與赤字財政時,不能只執著於帳面上的數字變化,更該追問的是——這些財政動作背後的戰略意圖是什麼?只有看懂這層邏輯,才有可能真正理解美國經濟的核心運作機制,並從中讀出它在全球經濟秩序中所描繪的未來走向。

美國債務問題:緊縮與干預的兩難

美國將如何在長期內解決國家債務問題,這個問題引發了重大的政治與經濟辯論。

若美國選擇強調市場自主性並採取緊縮政策,則可能優先推動升息、削減支出與縮減福利等措施。然而,這樣的作法將加劇經濟不平等,對中產階級與低收入族群造成重大衝擊,並可能引發社會反彈。在此情況下,社會穩定性將受到威脅,也可能引發更大的政治不安與經濟衝擊。

相反地,若美國為了解決國家債務問題、穩定經濟而強

化國家介入,則可能擴大社會保障機制,推動由政府主導的經濟重組。透過中央銀行的貨幣政策壓低名目債務、將債務長期分散,也有可能成為政策方向。在歷史上,這樣的作法曾展現成效。

1930年代的「新政」便是典型的社會民主主義路線。在大蕭條期間,美國透過積極的財政支出重建經濟,以在社會福利與市場經濟間取得平衡,成功克服危機。第二次世界大戰前後,美國同樣以類似方式成功化解了快速增加的國家債務。戰爭期間,美國因大規模發行國債,導致債務占GDP比重一度高達約120％,但戰後多項因素交錯作用,大幅減輕了債務負擔。

首先,強勁的經濟成長在解決債務問題上扮演關鍵角色。戰後美國經濟因基礎建設擴張、消費成長與技術進步快速發展,名目GDP穩定上升,自然拉低了債務比率。經濟持續成長讓債務管理變得更加容易。

此外,適度的通膨在減輕債務負擔方面也發揮了重要作用。通膨會降低債務的實質價值,美國政府能以相對較低的實質成本償還既有債務。當通膨推高物價,商品與服務的名目價格也隨之上漲,這不僅反映在GDP的成長上,也使得政府稅收隨之擴大。

這樣的機制，在美國政府償還過去以固定利率發行的國債時，產生了降低實質負擔的效果。換句話說，隨著時間流逝、貨幣價值下滑，政府實際上可以用貶值後的貨幣，償還過去借來的金額，也就是用更少的「實質購買力」還清原本的名目債務。

　　透過這些因素的交互影響，美國成功在 1950 年代中期以前，將債務占 GDP 的比重大幅下調，並於 1960 年代進一步將債務比率壓低至約 30％的水準。這顯示，美國當時有效處理了因戰爭開支激增所導致的債務問題，成為減債政策的成功範例。

　　然而，若美國未來轉向強化保護主義、或試圖重塑金融市場結構等政策路線，將可能動搖當前金融資本主義體制的根基。隨著全球各國保護本國經濟的傾向日益明顯，可能進一步削弱自由貿易體系，國際經濟秩序也可能重回如同 1920～1930 年代金本位時代般，以管制與封閉為主的格局。

　　若經濟上的不平等與社會不滿情緒持續未解，而且無法排除法西斯主義或極端民族主義再次抬頭的風險。相反地，若能推動以穩定經濟為核心的社會民主主義式改革，則有可能成為體制轉型起點。未來世界經濟的穩定與發展方向，將取決於能否在市場自律與國家干預之間建立新的平衡。

美國的戰略選擇：透過通膨削減債務

為了控制高漲的債務水位，美國政府正試圖推動一項關鍵策略：讓名目 GDP 的成長率超越債務增長速度。但挑戰在於，目前美國的實質 GDP 成長率偏低，生產力提升也相當有限，在這樣的基礎條件下，要實現快速的名目 GDP 成長並不容易。

在這樣的情勢下，作為可能的解方──「擴大通膨」便浮上檯面。透過通膨提高名目 GDP 成長率，進而降低國家債務的實質價值，這是歷史上曾被多國採納的路徑。包括第二次世界大戰結束後的美國與英國等，都曾透過這種方式自然地降低債務比重，同時維持經濟成長的動能。

然而，要透過通膨實現債務削減，有一個至關重要的前提條件：債券利率必須維持在低於通膨率的水準。這其中的邏輯在於，金融機構會將存戶的資金投入固定收益型資產，例如政府發行的公債。當這些債券的收益率低於通膨率時，實質資產價值將會縮水，而這種縮水正是債務負擔下降的機制來源。

名目成長的組成，來自於實質成長與通膨。透過較高且結構性的通膨率，拉抬名目 GDP 的增幅，是一種歷史經驗

驗證過的債務削減路徑。這也是為什麼部分經濟學者與央行決策者開始主張：應該將既定的通膨目標，從原本設定的2％上調至更高水準。

這樣的提議，不只是技術性調整，更反映出整體經濟運作邏輯的變化。它意味著，政府可能正有意識地透過通膨，緩解財政壓力與債務負擔。

目前看來，美國政府並未展現強烈的意願縮減財政赤字。這暗示了官方對於持續提供市場更多流動性的基本立場。雖然，這樣的寬鬆基調可能從需求端刺激通膨，但從整體戰略角度來看，這種結果其實可以接受、甚至是可預期的。

在2024年3月的聯邦公開市場委員會（FOMC）會議後，美國聯準會上調了所謂的「長期中性利率」（Longer run）[13]預期，這個舉動，其實背後意涵遠超過單純的利率調整。它可視為一項維持經濟成長穩定的策略操作，同時是一種「利用通膨推升名目成長率」的隱性訊號。

美國政府的態度相當明確：透過容忍一定水準的通膨，

---

13 譯按：在不刺激也不壓抑經濟的情況下，聯邦資金利率（政策利率）所應維持的中性水準，通常由聯準會官員根據對潛在產出、通膨與失業率的估計進行判斷。

不僅可拉高經濟成長速度,也有助於緩解財政赤字問題。

在尚未明顯展現生產力提升之前,美國大概會選擇維持「適度通膨」的經濟環境。這不僅是為了支撐經濟動能,更是以通膨對抗債務的策略安排。當未來真正開始提升生產效率之前,這段通膨過程可作為穩定成長的中介工具。

這套策略的效果之一,是在不明說的情況下,逐步稀釋存款人的資產價值。當經濟穩定擴張,同時維持在一定程度的通膨水準,政府就能在不造成劇烈市場衝擊的前提下,利用通膨削減債務壓力。

而在這個過程中,即便政府逐步從中央銀行手中回收部分貨幣政策的主導權,只要策略得當,最終依然有可能實現其整體的經濟目標。

平衡債務與成長的策略

美國政府正著手規劃一項策略,目標是在管理高額國債的同時,建立穩固的國內投資人基礎。過去一段時間,美國商業銀行持有的國債比率,長期呈現下降趨勢。然而,透過未來的監管鬆綁政策,政府有機會引導銀行持有更多如國債

這類的安全資產。

具體而言，如果能放寬《巴塞爾資本協定三》（Basel III）最終版本中的嚴格資本規範，或者調整銀行的補充槓桿比率（Supplementary Leverage Ratio, SLR）[14] 要求。那麼銀行便有更多資本空間，擴大其放貸與國債投資的能力。如此一來，銀行的資產組合策略將會更加積極。

目前銀行之所以持續放貸，很大程度是基於對政府補助部門，或具政府擔保背景的信任，而非單純評估民間信貸風險。當經濟面臨衰退壓力時，若主要依賴民間信用的銀行家通常會選擇縮減放貸；反之，若信任政府支持機制仍然穩固，這些銀行則有更高意願持續擴大放貸規模。

市場普遍預期，從 2025 年開始，銀行業將會進入更積極的放貸週期。這樣的趨勢有望推動名目 GDP 持續成長，即便物價水準維持在較高區間，也未必會出現名目層面的經濟緊縮。

為了抑制利率的急劇上升，聯準會也有可能介入市場，試圖非正式地設定利率上限。這顯示出，美國的信貸體系正

---

14 譯按：衡量大型銀行資本充足狀況的關鍵監管指標，屬於金融監理制度中的一環，特別是在 2008 年金融危機後強化設計而來，用來限制銀行過度擴張資產。

逐漸從傳統的市場利率驅動，轉向為更具政治屬性的控制機制了。

在美國政府的觀點中，「金融穩定」已被視為一項不可或缺的國家任務。因此，政府傾向透過組合上述政策，確保整體金融體系的穩定運行。

在處理高額國債的策略選擇上，美國的做法是尋求「通膨與結構性成長之間的動態平衡」。這並非美國獨創，而是歷史上多個國家曾採行的路徑。

目前，美國正藉由包括《國防授權法》（*National Defense Authorization Act, NDAA*）在內的財政支出架構，試圖同時達成國家安全與經濟成長的雙重目標。而在此過程中，中央政府也與聯準會密切協作，致力於穩定管理利率與通膨的交互作用。

第五部

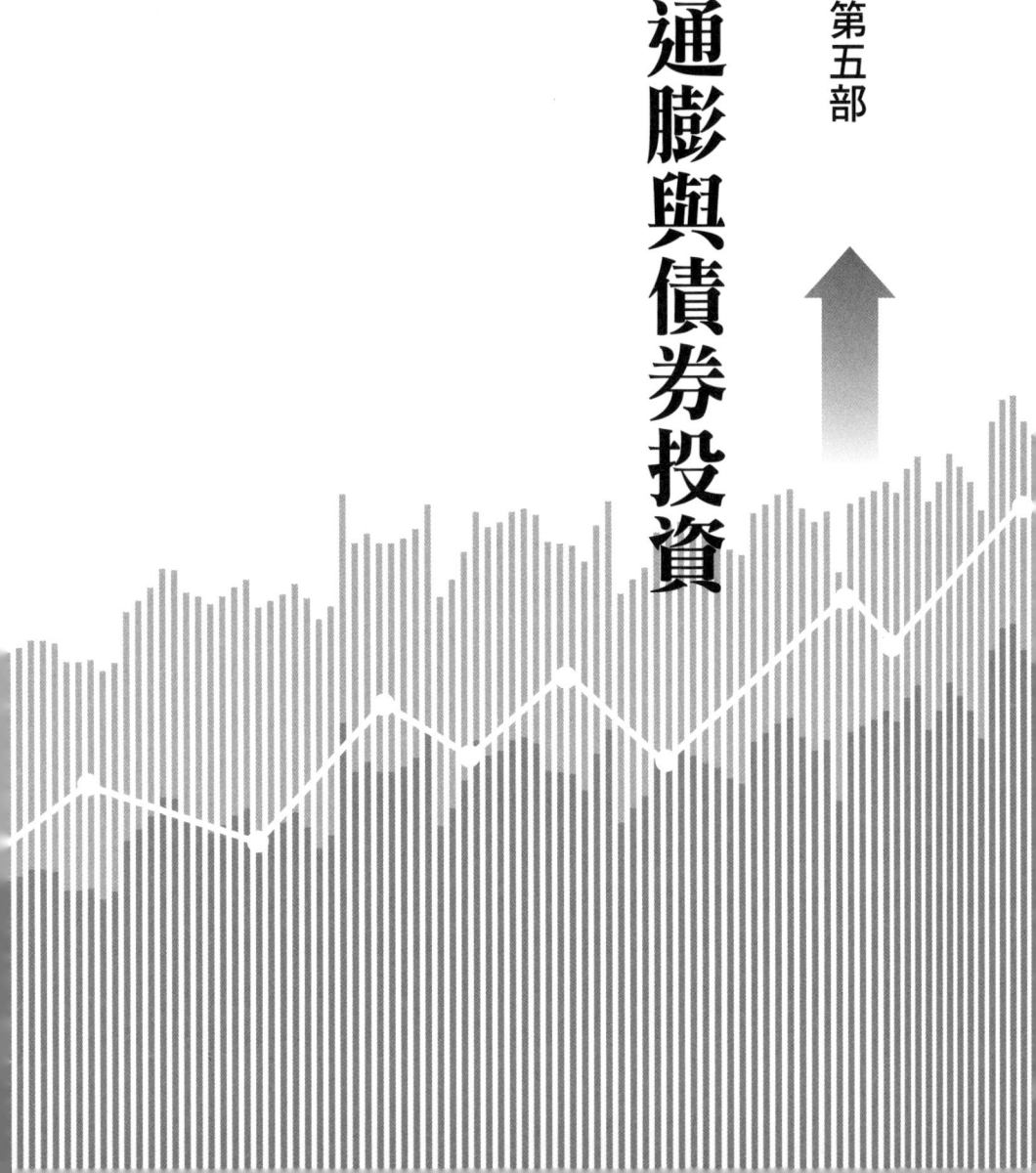

通膨與債券投資

第 16 章

原物料與高科技產業對物價的影響

原物料價格高漲，通往惡性通膨的序章？

當全球市場還在努力適應貨幣政策轉折時，另一場潛藏的風暴——來自原物料價格的通膨壓力，正逐步升溫。過去一年，除了鋰價明顯修正之外，大宗原物料如黃金、白銀、銅與鋅，普遍出現了約 10～30％ 不等的漲幅。這背後並非單一原因所驅動，而是牽動整體供需結構與地緣政治的連鎖效應。

其中，金價的上漲大多來自「通膨避險」的心理需求；而銅價的走揚，則反映了另一種更深層的趨勢：全球製造與基礎建設需求的復甦。銅不只是金屬，更是電網建設、電動車、再生能源基礎建設等新時代產業不可或缺的原料。它的價格波動，常被視為工業體溫計，對整體通膨有直接與間接的外溢效果。

在 COVID-19 疫情後，全球供應鏈的修復速度其實比市場預期來得快。即便面對俄烏戰爭等地緣政治風險，實際生產中斷的情況也相對有限。

推動價格上行的另一個關鍵因素，是原物料生產企業持續壓縮資本支出。在疫情後原物料價格大幅飆升的背景下，供給面卻未能迅速擴張，充分反映出供應反應的僵固性與不

對稱性。

值得注意的是，原物料市場天生就具有「供給彈性低」（low supply elasticity）的特性。簡單來說，當需求一有風吹草動，價格往往反應過度。像鋅這類礦產金屬，過去在疫情後期的需求反彈階段，就曾出現類似的極端行情。

而更深層的問題是：儘管價格一度暴漲，供應端卻並未同步擴產，因為多數生產商仍持續減少資本支出。這就是最令人擔憂的現況——價格漲，但供給不動，反而讓通膨預期被結構性地固化。

此外，不同原物料之間的需求彈性也正在分化。以能源為例，會隨總體經濟活動起伏而變化；但像銅這類「工業金屬」，更與製造業榮枯指標如製造業 PMI（採購經理人指數）等具有高度連動。只要全球製造業出現擴張訊號，銅價就有可能進一步走強，進而對生產成本與消費者價格產生連鎖壓力。

進一步來說，AI、5G、電動車等高科技產業的快速擴張，也讓銅、鋰、鎳這些關鍵原料的戰略地位愈來愈高。原物料的緊缺不再只是傳統通膨變因，更是當代技術升級與能源轉型的潛在瓶頸。一旦這些原料的供應受限，整個高科技生產鏈的成本壓力，將無可避免地轉嫁到最終價格端。

其中，電力需求的增長更是具備「跨領域放大效應」。當供電吃緊時，不僅意味著發電成本提高、公用事業電價上漲，也進一步拉高整體製造與服務業的運營成本。進而導致消費端承壓，形成一條由上游直通下游的價格傳導路徑——這正是通膨從結構性走向「全面擴散」的危險信號。

原物料價格會引爆惡性通膨（Hyperinflation）嗎？從市場現況與政策動態來看，市場不免憂心：若原物料價格持續上漲，是否演變為「惡性通膨」？畢竟，在供給僵化、市場高度敏感的情況下，只要一點點需求升溫，就可能引發價格連鎖反應。

但這波原物料多頭背後，其實已有美國政府多層次的策略因應。

自 COVID-19 疫情後，美國啟動一連串供應鏈去中國化的戰略部署，包括能源、礦產與半導體供應的重組，意圖降低對中國的依賴並重新掌控全球製造布局。這些結構性投資計劃，不只具有長遠地緣政治意涵，也有助吸收原物料價格震盪所帶來的通膨壓力。

更關鍵的是，在金融層面上，聯準會採取了明確的「鷹派溫控策略」：即維持政策利率高於通膨率約 1.5 ～ 2.0％ 的區間，用意就是主動壓抑過熱的總體需求，確保通膨不失

控。這不是單靠升息表面工夫，而是配合縮表與信貸監管等政策組合拳，全面緊縮流動性。

以 2024 年 11 月為例，美國的十年期公債殖利率仍處於 4％中段的高檔區間。雖然對資產市場構成某種程度的壓力，但一旦未來幾季的通膨回落趨勢確認無誤，這樣的長天期利率有機會穩定中緩降。從歷史觀察來看，隨著經濟成熟與技術進步，自然利率本就有下行趨勢，這將為壓低通膨創造更有利環境。

因此整體來看，儘管原物料供應仍具有不確定性、價格仍可能波動，但以當前聯準會的利率政策與美國政府的戰略產業重整作法來看，惡性通膨的風險並不高。

更重要的是，當政策主軸明確聚焦在通膨管理與供應鏈自主時，投資人就應當理解這是一場由上而下的「通膨防災工程」。

對投資市場來說，未來應關注的不是「通膨是否失控？」而是哪一個產業能在這場調整中受惠？哪些資產已提前反映價格？而哪些正在醞釀反彈空間？

當高科技成為通膨引擎：
AI、半導體與電力的隱形鏈條

美國政府正在針對半導體與 AI 等特定領域，進行大規模財政支出，藉此強化技術創新與全球競爭力。這樣的選擇凸顯出這些尖端產業在當前經濟布局中的戰略價值。

以半導體為例，它雖不像能源或食物那樣是日常消費品，但卻是電子產品、汽車、通訊設備等產業的核心元件。因此，儘管半導體價格的上漲不會直接反映在日常物價指數上，但其「間接通膨效應」不可忽視，只要供應短缺延續，就會推升相關產品的製造成本，最終轉嫁至消費者，形成隱性物價壓力。

這樣的壓力在 AI、5G、電動車等新興產業尤為明顯。這些領域對高效能晶片的需求暴增，只要供應鏈出現瓶頸，就可能引爆局部產業的價格上行壓力。

除了半導體，另一個鮮少被直接討論卻愈來愈關鍵的變數是「電力」。隨著資料中心、伺服器機房與雲端運算基礎建設快速擴張，電力需求明顯飆升，對電網形成持續壓力。當電力供應無法及時擴充時，就會造成發電成本上升，進而推高公用事業價格，對整體生產與消費成本造成實質影響。

這些電價上升，壓力不只在家庭用戶端，更會擴散至製造業、服務業、物流與農業等對電力高度依賴的產業，形成「跨產業鏈式」的成本連鎖效應。

值得注意的是，能源轉型雖然長期有利於結構調整，但短期內也可能成為推升成本的因素。畢竟再生能源設施如太陽能、風能，在建置與維運初期的資本支出較高，在產業轉換過程中，容易導致短期電價波動上揚。

總體而言，這些來自「高科技部門」的壓力，不再只是財報上的資本支出，也逐漸轉化為真實存在於通膨體系內的價格推力。未來投資人若只聚焦在傳統 CPI（消費者物價指數）組成的食品與能源項目，可能會錯過新興產業如何牽動通膨輪廓的趨勢轉變。

第 **17** 章

物價上漲背後的深層意義

看待通膨的兩種觀點

通膨，不僅僅是貨幣供給增加導致物價上升的現象，更是一次龐大規模的財富與權力重組過程。以我們經常看到的 CPI 等通膨指標為例，它們其實只是多種價格項目的平均值，而各項價格的變化速度與強度往往不盡相同。

實際情況可能是：整體 CPI 上升了，但某些項目價格下降或變動幅度極小。這類指數呈現的是通膨的表面現象，卻無法完整說明背後的結構性變化。

一旦通膨發生，整體經濟體中的資金流向也會重新配置。在通膨期間，掌握必需品或具備市場壟斷地位的企業，可以調整價格以維持甚至提升獲利；而財務狀況不佳的企業則難以調價。在這樣的過程中，財富更集中流向大型企業與資本雄厚的階層，導致經濟結構與權力架構發生重新排列。

這說明了，通膨不只是價格上升，實質上它揭露了權力與資本如何在經濟體內移動與集中，是一種十分值得關注的現象。

而對於通膨的解釋，則存在以下兩種截然不同的觀點。

一,將通膨視為貨幣中性現象的觀點

根據貨幣數量論的觀點,通膨只是貨幣供給變化下的中性反應。在這套理論中,若經濟中的貨幣供給量(M)上升,而貨幣流通速度(V)與商品總量(Q)固定,那麼價格水準(P)將與貨幣供給成正比。這就是著名的公式 MV = PQ。

像米爾頓・傅利曼(Milton Friedman)這類經濟學家認為,通膨是一個獨立、與其他社會變數無關的中立現象,與社會結構或經濟不平等無直接關聯。這種觀點的邏輯基礎是——只要透過中央銀行的貨幣政策操作,就可以有效抑制通膨並維持物價穩定。

二,將通膨視為權力現象的觀點

相對地,「權力型通膨」(power inflation)假說則認為,通膨不只是單純的貨幣現象,它反映的是——經濟系統中權力與資本的集中現象,並伴隨著社會結構與市場秩序的轉變。

當通膨發生時,能夠主導價格決策的市場參與者,其資本會更加集中,並行使更強大的市場權力。這意味著:某些

企業或階層將握有更大的財富與話語權，進而加劇整體社會的所得不均與經濟兩極化。

實際例子是，在通膨期間，擁有壟斷地位的大企業得以持續調高售價、擴大利潤，強化其市場主導地位。例如：那些生產消費者必需品或具獨占性產品的企業，在市場競爭中處於有利位置，即使在通膨中也能持續增加獲利。

相反地，財務壓力沉重的中小企業，或是缺乏競爭力的業者，在成本上升時反而難以調高價格，導致他們的經營更加困難。

總結來說，權力型通膨假說強調：通膨並非一個中立的貨幣變化，而是一場經濟資源與權力的再分配。這個過程中，一般消費者將面對更高的物價壓力，而資源則進一步集中在特定企業與資本階層手中，進一步加劇社會結構的不穩定性。

經濟權力集中於大型企業

一般而言，當物價上升時，企業的名目業績有增加的傾向。但實際上的業績提升，主要集中在那些具有市場權力的

大型企業身上。

這些大型企業在市場上擁有定價權,能將物價上漲部分反映在收益上,進而擴大利潤;相對地,中小企業則缺乏這樣的餘裕,其業績預測值並不會出現明顯改善。例如,在以大型企業為主的指數中,業績預測值可能會上修,但像是「羅素 2000 指數」(Russell 2000 Index)[15] 這類以小型企業為主的指標,其預期表現可能不會有太大變化,或僅出現有限度的改善。

因此,在資產市場上,大企業表現可能強勢,而在實體經濟中,中小企業卻仍面臨困境。這種差異化的價格決定能力,會導致資產集中於特定社會階層,尤其會加劇所得不均的現象。

結果就是,權力集中於少數企業或特定階層手中,而得以在更強勢的位置上影響社會,進一步推動社會與經濟結構的轉變。

此外,這種權力集中化現象,也顯示出特定企業在市場中可以發揮多大的影響力。例如,Apple 或亞馬遜這類大型

---

15 譯按:美國股市中最具代表性的「小型股」指數,由英國富時羅素公司(FTSE Russell)編製與管理。

企業，在決定消費者支付價格時擁有龐大的話語權，其產品的售價遠高於生產成本，進而獲得極高的利潤率。

相對地，中小企業則沒有能力獲得這樣的利潤空間，即使是生產民生必需品，也常常因為要維持競爭力而無法調升價格。

在這樣的情況下，具備資本實力的大企業，會透過愈來愈高的價格設定累積獲利，最終導致權力進一步集中。這種現象顯示，在通膨中，特定企業與階層透過市場權力進一步擴張其影響力，進而加劇權力的不均與集中現象。

高利率時代的明與暗：
壓抑通膨與加劇兩極化

傳統上，中央銀行會透過升息壓制通貨膨脹。但這樣的貨幣政策，往往只是短期的對症措施。高利率政策雖能帶來壓抑通膨的正面效果，其背後卻也加劇了財富兩極化等負面影響。升息對不同階層與企業產生不一樣的影響，在整個經濟體中引發複雜的連鎖反應。

若以存款與現金等流動性資產為基準，比較最上位 1％

與最下位 50％的財務狀況，可以明顯看出富裕階層與平民階層之間的差距不斷擴大。特別是，高利率對持有固定收益資產的高所得家庭有利，有助於提高他們的現金流。反之，平民階層則因為升息導致還債負擔加重，財務狀況變得更加艱困。因此，富者愈富、貧者愈貧的兩極化現象不斷加劇。

此外，聯準會的升息措施，對大型企業的衝擊相對較小，卻對中小型企業造成更嚴重的負面影響。尤其是獲利能力或營收規模不足的科技企業、生技公司、軟體產業、風險投資相關公司，這些仰賴資本成長的企業，因為高利率造成資金籌措更加困難，連維持事業營運都面臨巨大挑戰。

通膨並非單純的經濟現象，它反映的是權力與資本的重新編排，也是社會不平等惡化的結構性轉變。若要真正理解通膨的本質，就不能只從「貨幣增加導致物價上升」的角度來看，必須改從權力與財富流動的角度切入。

通膨問題，無法單靠壓制物價或升息等短期政策解決。為了緩解由於財富與權力重新分配所造成的不平等，必須提出更全面的政策應對。社會與政治層面的解方與政策介入，應與經濟政策並行，才能真正降低通膨所帶來的社會衝突與經濟不平等。

經濟不斷變化，而通膨正是這股變化的其中一個面向。

當今，資產價格與實體經濟的脫鉤日益加劇，通膨為我們的社會提出了一個重要問題：我們該如何面對這個時代？未來我們需要的是對於通膨與通縮的整體性、結構性因應策略，這將是確保經濟穩定與社會正義不可或缺的關鍵。

財富兩極化引發通縮

除了 COVID-19 疫情期間外，過去幾十年間，包括股票與不動產在內的資產價格持續上漲。然而，這樣的資產價格上漲，並未轉化為整體消費者物價的通膨。這反映出經濟結構的變化以及資產持有的兩極化，在其中扮演了極為關鍵的角色。

過去 50 年間，隨著資本主義經濟的擴張，經濟差距明顯擴大。前 1% 高資產族群的財富占比提高，而中產階級則陷入相對困難的財務狀況。

資產價格上漲的主要受益者，幾乎都集中於高所得與富裕階層。例如，股市的榮景大幅提升了像華倫‧巴菲特（Warren Buffett）這樣的超高所得者的資產價值，但這並未擴及一般大眾的資產成長。

資產所有權的集中,雖然促使資金流入金融市場、推升價格,卻未能有效導引資金進入實體經濟。富裕階層資產的增加,大多轉為儲蓄或再投資,並未顯著促進消費。由於高所得階層的邊際消費傾向(MPC)[16]相對較低,即使資產增加,也不太可能帶動整體消費支出的顯著提升。這表示,儘管資產市場景氣,實體經濟卻未出現強烈的需求壓力。

資產價格上漲與實體經濟通膨的脫鉤,與經濟性兩極化有密切關聯。從資產上漲中受益的主要是極少數高所得群體,而大多數中低收入者卻面臨實質所得停滯甚至下降。這樣的財富集中只讓金融市場與富人階層受益,卻無助於整體經濟需求的擴張。

由於兩極化導致多數消費者的可支配所得與消費能力下降,而富人消費又有限,結果整體經濟的需求呈現停滯,資產市場與消費市場之間的落差更加明顯。資產價格上漲主要集中於股市與房地產等金融市場,與消費者物價通膨呈現出截然不同的走勢。

這樣的現象可解釋為資本並未流入實體經濟,而是在金融市場內部不斷循環。富人將資產增值部分用於再投資而非

---

16 編按:當一個人收入增加一單位時,會用來消費的比例。

消費，進一步推升金融市場內資產價格。股市與房地產的投資擴大了市場資金的流入，但並未帶來實質經濟成長或改善所得分配。

富人財富的增長，最終並未轉化為多數人的經濟利益。這加深了經濟不平等，也進一步壓縮中低收入階層的消費能力。目前，美國前10％高所得者占據了全體消費的約40％，成為經濟活動的主要推手；而後50％的群體僅占不到總體消費的10％，展現出極端的消費兩極化。

這樣的結構導致經濟成長不均衡，多數家庭在整體經濟中透過消費所能發揮的影響力受到極大限制。

結果來看，儘管資產價格的上漲帶動了金融市場的榮景，但與實體經濟的落差擴大，其根源可從經濟的兩極化中找到。若未解決此問題，資產市場與消費市場間的失衡現象，可能持續存在。

換句話說，財富的兩極化並不是推動通膨的因素，反而更可能成為引發通縮的原因。當中產階級與基層民眾的消費能力下降時，需求隨之減弱，也就降低了物價的上漲壓力。從這個觀點來看，2025年即便可能因經濟成長產生一定程度的通膨壓力，但極端性的通膨，也就是所謂的惡性通膨，市場預測再度發生的可能性偏低。

必須再次強調的是，當前的經濟結構是由高所得者主導消費。相對地，1970 年代則是中產階級構成經濟核心，整體的消費模式與經濟結構與今日大不相同。

此外，也應該記得，2022 年的通膨壓力主要來自供應鏈崩潰這一結構性問題。

第 **18** 章

美國政府的隱藏策略：利率與通膨

降息的兩種劇本

美國目前一方面祭出高利率政策，以壓抑需求、抑制通膨；另一方面，卻仍維持擴張性的財政政策，藉此支撐經濟成長。

這樣的政策組合，也引來愈來愈多批評聲浪。許多意見指出，高利率對經濟形成沉重負擔，難以長期維持。同時有不少觀察警告，這樣的政策正加劇財富與收入的兩極化。

截至 2023 年 3 月，美國在疫情期間累積的超額儲蓄大多已經用盡，但高所得家庭的可支配儲蓄卻開始重新增加。由於高利率為持有固定收益資產的家庭帶來豐厚現金流，讓這套制度對富裕階層更加有利。正如前文所述，高利率本就傾向於讓有資產的一方受益，反之則讓中低所得族群的財務壓力加劇，進一步擴大社會貧富差距。

儘管如此，美國目前仍無意放棄「壓抑需求」與「財政擴張」這兩大政策支柱。在這樣的情況下，降息常被視為景氣循環中落底的信號，也可能代表新一輪景氣擴張的起點。不過，降息的背景脈絡將決定市場如何解讀這一舉動。這裡可以預想兩種截然不同的情境。

第一種情境是，通膨依照聯準會的規劃逐步受到控制，

並在此基礎上開始降息。若為此情況，整體經濟可望穩健地邁入新一波景氣擴張，聯準會成功壓抑通膨的同時，也為成長創造空間。

第二種情境則是，在通膨尚未明顯降溫的情況下，聯準會被迫突然降息。這往往代表金融系統出現重大問題，可能導致經濟衰退風險升高，讓市場陷入高度的不確定與恐慌。

最終，市場對未來景氣的樂觀與悲觀，關鍵差別在於聯準會是否有能力有效控制通膨。如果聯準會能穩健壓制通膨並靈活調整利率，經濟將有機會實現「軟著陸」並逐步回穩。但若通膨仍失控卻不得不匆促轉向政策，則可能引發嚴重的經濟風險。

接下來，聯準會如何在通膨與景氣循環之間拿捏平衡，將成為左右美國經濟前景的關鍵變數。

美國「適當長期利率」該落在哪裡？

為了美國經濟的長遠發展，聯準會與財政部各自擁有不同的政策目標：聯準會以「物價穩定」為核心，財政部則以「促進經濟成長」為首要任務。目前，聯準會正為維持通膨

穩定而緊縮資產負債表，採取較為保守的貨幣政策；與此同時，財政部則選擇擴大財政赤字，以撐住經濟增長的力道。

然而，兩個機構雖目標不同，最終指向的卻是同一個方向——維護美國的經濟利益與全球霸權地位。為了達成這個宏觀戰略，聯準會與財政部之間的協調與配合勢必更加密切，尤其是在利率的調控上，雙方更傾向聯手壓低市場的不確定性與波動風險。

在這套架構下，「適當的利率水準」就成為實現這些目標的關鍵變數。所謂的「適當」，是指一個既不會激發通膨、也不會壓抑經濟成長的精準平衡點。

2024年9月，聯準會首次降息，這個動作比市場原本預期來得更果斷、更積極。但展望未來的貨幣政策走向，與其說是大刀闊斧的降息，不如說是將重心放在審慎、漸進式的微調。也就是聯準會的策略重心，更以美國國債的發行需求與製造業循環的發展為首要考量。

事實上，美國的利率政策向來優先考慮的就是本國利益。這並非為了配合全球資金環境，而是立基於如何順利消化國債供給、促進美國製造業成長等具體戰略目標。因此，未來的降息時機與幅度，不會單純依循市場情緒波動，而是高度連動美國整體政策盤算。

以目前狀況而言，聯準會或許希望長期國債利率能穩定維持在 4% 區間。然而，這個利率水準是否與財政部的政策需求完全一致，仍是一大問號。畢竟，利率若走得太高，將對經濟成長構成壓力；反之，若降得太低，則可能再度引發物價上漲壓力。換言之，美國當前所追求的「適當長期利率」，其實是一道政治與經濟權衡下的微妙平衡。

另一方面，美國政府未來極有可能採取一項策略：在推動名目經濟成長的同時，維持高於平均國債利率水準的通膨率。這樣的做法，是建立在所謂「金融壓抑」（Financial Repression）[17] 的經濟政策邏輯之上。

我預期，美國將會嘗試將通膨維持在 3～4% 的水準，同時將名目 GDP 成長率拉升至 6～7%。而在此期間，國債利率將被人為壓低於理論估值，並透過成長與通膨的組合控管名目債務的比重。這樣的政策組合，本質上是一種「以經濟成長換取削減債務負擔」的金融壓抑操作。

這種策略的核心，在於一邊降低債務壓力，一邊保留經濟成長動能，並且與政府「穩債、促成長」的雙重目標高度契合。

---

17 譯按：政府透過利率控制、資本限制與金融機構配債等政策，抑制市場自由運作，以支持其財政支出或宏觀經濟目標。此策略在通膨高漲或債務壓力沉重時，尤為常見。

在這個過程中，資產與負債的結構將發生明顯的再分配現象。具體而言，這對於儲戶（即存款人）是不利的，因為資產的實質價值將被通膨侵蝕；而對於借款人與年輕族群而言，則是明顯有利的結構。

值得注意的是，美國的人口結構相對年輕，平均年齡約為 38 歲，與其他主要已開發國家相比明顯更加年輕。因此，這樣的金融壓抑策略，實際上可能成為對年輕世代有利的再分配工具。透過推高通膨、壓低利率，年輕族群能以相對較低的實質負擔償還債務，進而受惠於這種政策結構。

換句話說，在這樣的制度安排下，得利者將是借款人，尤其是剛進入職場、尚處資產累積初期的年輕人；相對而言，手握大筆存款、依賴固定收益的中高齡族群，則可能成為隱性受害者。

這一切也讓我們再次回到貨幣與財政決策的核心張力上，也就是聯準會與財政部之間，存在著不同的政策優先順序。聯準會的首要任務是穩定物價；而財政部則關注經濟成長與債務可控。因此，如何在這樣的分歧下，找到彼此都能接受的利率平衡點，將是關鍵課題。

為了維持經濟的長期穩定，聯準會與財政部之間必須展開更深入的合作，透過協調利率政策，尋找一個同時支撐穩

定與成長的最佳利率範圍。唯有如此,才能在複雜多變的全球經濟環境中,為美國爭取到長遠而穩健的政策空間。

透過提升生產力,緩解通膨壓力

長期而言,生產力的提升將有助於減輕通膨壓力。從歷史經驗來看,無論是工業革命還是網際網路革命,這類技術進步都大幅提升了供給能力,進而促進物價穩定。

這一次也是如此。設備投資正成為帶動經濟成長的動力來源,而通膨也很可能在長期趨勢中逐漸穩定。即便初期投資所導致的短期物價上漲壓力存在,最終仍可望因改善生產效率而獲得調整與緩解。

儘管美國政府目前背負龐大的財政赤字,但對於半導體、AI等尖端技術領域的投資,依然毫不手軟。這樣的戰略思維,可視為將經濟結合國家安全議題的一系列政策判斷,同時與透過通膨降低債務實質負擔的政府策略相互呼應。

若要實現提升生產力,並在長期內穩定控制通膨,擴充能源基礎設施將成為必要條件。在當前 AI 革命加速的時代,數據中心的用電需求呈現爆炸性成長。

例如，美國維吉尼亞州的數據中心，其電力消耗已占該州總用電量的 26%。這是因為 AI 演算法的訓練與處理需要極高的運算能力，包括自駕車、聊天機器人、自然語言處理、影像辨識等應用日益普及，讓數據中心成為日常生活中不可或缺的核心基礎設施。

在這樣的情境下，能源基礎建設的投資成為迫切任務。為了滿足數據中心持續擴張的電力需求，必須仰賴穩定且永續的能源來源。而其中，如何轉向以再生能源為主體的供電模式，則是關鍵挑戰之一。

具體而言，除了投資再生能源發電設施外，還需同步推進開發智慧電網（Smart Grid）技術與能源儲存技術。若缺乏投入這類長期能源基礎建設，數據中心可能因能源短缺或電價上漲而面臨營運瓶頸。

此外，要提升數據中心的能源效率，技術創新也扮演關鍵角色。包括提升冷卻系統的效率、最佳化伺服器電力管理，以及高效率半導體應用，都將有助於降低整體電力消耗，加速推進 AI 革命。

以全球數據中心樞紐聞名的維吉尼亞州（特別是北維吉尼亞地區）為例，其數據中心用電量占全州用電比重達 26%，這不僅凸顯出數據中心早已超越科技基礎設施的範

疇,更顯示其對地區經濟與能源結構具有深遠影響。若要持續推進 AI 革命,解決能源供應問題將是重要前提。

通往軟著陸,美國面臨的關鍵課題

若美國希望成功實現經濟的軟著陸,貨幣政策與財政政策之間的協調,將是不可或缺的核心要素。在壓制通膨的同時,又要維持經濟成長與資產價格的上漲,這一目標唯有在適當的財政政策支持下才可能實現。美國可能會容忍某種程度的通膨存在,但仍需確保這樣的通膨不會對經濟體質帶來負面衝擊。

未來一段時間內,美國很可能採取的策略是:在可控範圍內管理通膨,同時透過擴張型財政政策來推動實質經濟成長與名目 GDP 增幅。在生產力改善尚未明確顯現前,通膨反而可能成為協助達成經濟目標的工具。但從長期來看,通膨仍有望逐步穩定下來。

因此,我們應該密切關注 AI 技術發展、能源基礎建設與財政政策三者之間的連動關係,這三者共同形塑出支持美元霸權與經濟成長的新結構。美國正朝著這個方向調整其經

濟與政策體系。

在資產價格方面，其上漲本身具有刺激消費的正向效應。當股票與房地產等金融資產價值上升時，消費者會產生「財富增加」的心理感受，進而提高消費支出。然而，如果這種消費擴張效果僅限於金融市場層面，並未有效擴散至實體經濟，那麼其對通膨的帶動效果將相對有限。

換句話說，即使資產價格上揚，若消費與投資實質上並未明顯增加，那麼整體通膨壓力可能不會過度升高。

從 2022 年至 2024 年，美國金融市場中的流動性並未大規模地轉移至實體經濟，這一現象可以視為政策管理得當的結果。但情勢正在轉變，隨著市場對降息的期待升高，以及對經濟軟著陸的信心增強，未來資金流向實體部門的可能性也相應升高。

一旦降息啟動，資本成本下降，將大幅提升企業投資設備的誘因。這將成為擴大產能與推動長期經濟成長的關鍵動能。然而，這樣的轉變在短期內也可能帶來副作用，例如原物料、勞動力與能源需求的同步上升，可能會對通膨產生新的壓力。

第 **19** 章

美國國債的發行戰略

美國需要穩定的國債買盤支撐

2023年，美國聯準會縮減資產負債表，以及財政部擴大財政赤字的動作，代表的不只是單純調整財政或貨幣政策，還意涵著——國債的供給規模勢必擴大。因此，穩定而持續的國債買盤（需求方）將成為不可或缺的條件。

為了維持美國國債的穩定需求來源，聯準會與財政部都不宜過度推進緊縮政策。若美國升息與緊縮幅度過大，將導致像日本、中國、歐元區等主要國家產生「必須保衛本國匯率」的壓力，那麼全球資本流動就可能出現干擾或扭曲。

同時，必須避免因物價或經濟成長過度波動，而導致市場對美債的需求急速下降。這需要聯準會與財政部之間持續維持政策的平衡與協調。為此，聯準會的任務，是在不激化市場情緒的前提下穩定物價、調控利率；而財政部則需致力於維持美國經濟的增長動能，並推動能吸引海外資金購買國債的政策方向。

然而，聯準會所設定的利率上限與財政部所期望的利率水準，未必完全一致。聯準會的主要關注點在於壓抑通膨，而財政部則更傾向於尋找既能支撐經濟成長、又能穩定國債市場的利率區間。因此，當市場擔憂聯準會將持續強化緊縮

政策時,這類擔憂往往視為略顯過度。即便聯準會持續收緊政策,只要美國經濟仍維持強勁成長,這樣的緊縮並不必然帶來衰退風險。

事實上,財政部將繼續透過經濟成長與 GDP 擴張,來降低財政赤字占比的戰略不變。他們正積極將預算導入半導體、AI、尖端科技與基礎設施重建等領域,試圖藉由這些戰略性投資拉抬整體經濟動能。

這些投資的最終目標是——促進美國經濟的自我增長能力,並透過成長帶來的稅收改善財政結構、降低債務比重。但前提是,必須有穩定的國債買盤支持這些政策。換句話說,國債發得出去,整個戰略才有成立的空間。

若美國能夠維持強勁的經濟基本面、美元的全球影響力亦未削弱,那麼海外資金對美債的需求將有望重新增溫。特別是在美國維持相對高利率的情況下,全球資本可能再次回流美國債市。

當地緣政治風險升高、或其他主要國家經濟面臨不確定性時,資本往往會選擇流向相對安全的美國國債。若這樣的資金流動加速,可能會複製 1980～1990 年代高利率與強勢美元時期,所出現的國際資金失衡局面,例如拉丁美洲危機、東亞金融危機或南歐債務危機等類似情境。

過去經驗顯示，在全球經濟不確定或景氣轉弱時，資金傾向尋找「避風港」，而美國國債就常是資金避險的首選。只要美元仍然是全球儲備貨幣，各國央行與機構投資人便仍會將美國國債視為主要的外匯儲備工具。

　　因此，若未來美國擴大長天期國債的發行規模，能否吸引足夠的海外買盤，將是一項關鍵觀察點。美債的國際需求動能，將深刻影響美國財政政策的可持續性。

關注美國國債市場的動向

　　美國透過強大的經濟成長潛力，以及美元作為全球主要儲備貨幣的地位，維持了經濟體系的穩定性。美元被全球視為安全資產，即使美國政府債務持續攀升，市場對其金融體系與國債的信任依然穩固。因此，美國仍是全球資金尋求避險時的首選。

　　截至 2024 年 9 月，美國尚未償還的政府債務中，有約 89％ 為固定利率結構。其中，短期國債占 22％、中期國債（Notes）占 50％、長期國債占 17％。這種以固定利率為主的債務結構，反映了美國政府希望在利率波動中降低風險，

並維持長期可預測的利息支出策略。透過這樣的安排，即使利率上升，也能有效抑制既有債務的利息成本上升壓力。

不過，2025 年即將到期的美國國債規模高達約 9 兆美元，加上年度財政赤字預估將達 1～2 兆美元，因此如何進行再融資（refinancing）與新債發行，將成為關鍵課題。根據未來的利率環境與經濟狀況，美國聯準會與財政部採取的策略，將對國債市場與整體財政運作產生重大影響。尤其是透過發行中長期債券進行資金籌措，預期將扮演更為關鍵的角色，因此未來美國國債市場的動向，值得密切關注。

回顧 2023～2024 年，這兩年期間美國主要發行短期國債，使得短期國債在整體國債中的比重上升至約 22～23％，這一比例已超過財政部借款諮詢委員會（TBAC）建議的 15～20％區間。若未來美國希望降低短債占比、轉向發行長債，就必須面對「在長期國債需求可能不足的情況下，是否能順利完成資金籌措」的現實挑戰。

首先，需要釐清一個常見的誤解。截至 2024 年 9 月，美國國債的平均到期期限（平均債務存續期間）已約六年，達歷史新高，代表美國政府其實已成功拉長整體債務的久期配置。因此，短期內並不急於大幅提高長期債的發行量。這樣的長久期結構，意味著政府擁有更充裕的時間安排債務償

📈 美國發行國債的平均存續期間

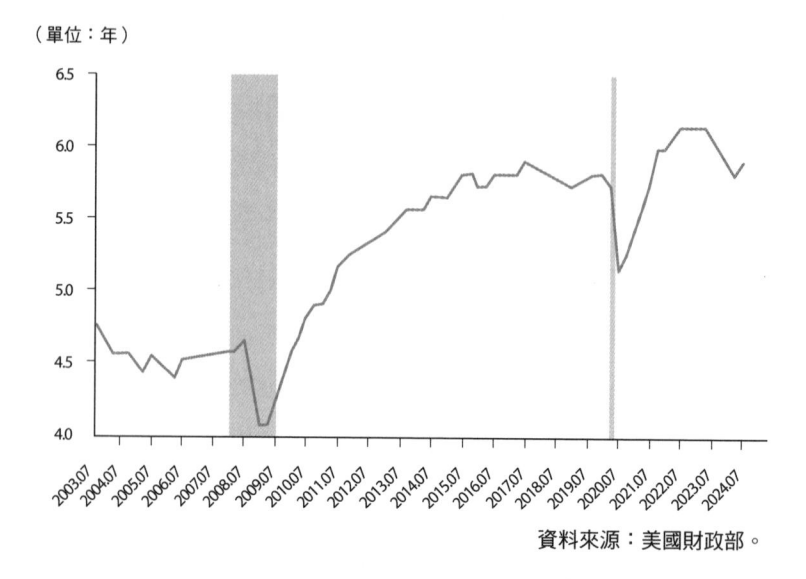

（單位：年）

資料來源：美國財政部。

還，也有助於消弭市場對突發債務違約的擔憂。此外，當債務存續期間較長時，政府在面對利率波動或短期財政壓力時，具備更高的彈性與穩定性，進而在長期內發揮緩衝作用，強化整體經濟體系的穩定性。

截至2024年下半年，美國政府的利息支出雖占整體政府支出約12％，但仍屬可控範圍。當然，在高利率環境下，這筆利息支出會成為一定程度的財政負擔，然而隨著市場預期未來利率將逐步下調，這部分的成本有望隨之減輕。

在這樣的情境下，美國政府極可能把握降息週期的起

點,逐步拉高中長期國債的比重。當利率走低時,長天期債券的發行成本同步下降,政府將處於更有利的債務結構調整窗口。透過這樣的策略,不僅能降低長期利率波動帶來的風險,也能進一步穩定債務結構,為未來財政運作留下更大彈性空間。

美國國債的標售策略：為何「尾差」愈來愈關鍵？

美國國債的標售中,拍賣結束後的標售利率與拍賣時點市場利率之間的差距,通常稱為「尾差」（Tail）。舉例來說,若出現 1 個基點的尾差,表示最終標售結果的利率,比當日拍賣前（如下午 1 點）市場交易的利率高出 1 個基點（即 0.01%）。

其中,十年期與 30 年期長天期國債的標售結果被市場視為關鍵指標。若這類國債出現超過 3 個基點的尾差,往往被解讀為市場對該期國債的需求明顯偏弱。這種需求下滑將直接影響美國政府的籌資能力與國債發行效果,也進一步成為左右美國財政運作的重要變數。尾差偏大的情況,表示該期國債在拍賣中需求不足、市場認為其吸引力不高。

📈 10年期公債標售尾差

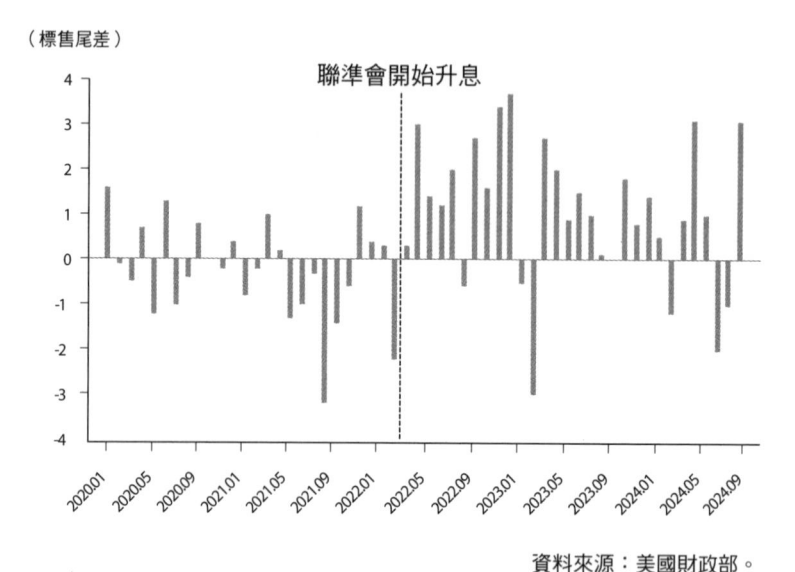

（標售尾差）

資料來源：美國財政部。

　　在這類情況下，財政部可能會採取調整發債策略或發行結構的做法，例如推出刺激需求的政策，或調整該期債券的淨發行量。考量到未來數年預期將出現更高的預算赤字與更大量的國債發行，將更加凸顯上述應對策略的重要性。

　　2024年10月底，根據美國「責任聯邦預算委員會」（Committee for a Responsible Federal Budget）預估，若當選的川普總統落實其減稅與支出計劃，從2026財政年度至2035年間，美國政府債務將增加至少1.65兆美元、最多可能達到15.55兆美元，中位數估值為約7.75兆美元。

這樣的債務擴張不僅加重短期財政壓力，更將在長期內加劇國債供需失衡，進而對長天期利率形成上行壓力。

與此同時，值得注意的是：美國國債市場對外資的依賴度正逐漸下降。特別是中國，因其國內經濟放緩等因素，已從過去的主要買方逐漸轉為淨賣方。在中國經濟成長強勁時期，往往為維持出口競爭力而大量買入美元、拋售人民幣。但如今局勢已逆轉，中國轉為買入人民幣、拋售美元資產，包括減少美債部位。

這部分所留下的需求空缺，目前主要由美國的家庭、退休基金與保險公司等對利率高度敏感的本土投資者所填補。整體來看，美國國債市場的主體已從對利率不敏感的外國資金，轉變為對利率變化極度敏感的國內機構。

在這樣的結構轉變下，像是十年期國債的標售尾差這類技術性指標，其市場意義日益提升。

當然，也有意見提出應該考慮以更具操作性的方式，來調整國債利率水準。但若要長期確保穩定的國債需求，政策制定者必須具備更細緻的溝通與管理能力，尤其是對於期限溢酬（term premium）[18]的調控，將成為關鍵技術。

---

18 譯按：債券市場中非常重要的概念，指的是投資人為了承擔較長期資產的不確定性所要求的額外報酬。

這需要政策制定者建立市場,對於美國經濟成長潛力與通膨穩定性的信任,才能真正支撐整體國債市場的長期穩定與資金流入。

第六部

美國股市：上漲之門，還是調整之路？

第 20 章
維持美國霸權的財政戰略

世界化終章：全球經濟秩序正在重組

自 1980 年代以來，隨著國際貿易自由化程度的提高，全球化正式進入加速階段。這波全球化浪潮重塑了生產與消費的結構，使兩者得以分離，並藉由低成本與生產力提升，促進了全球經濟的整體成長。

國際貿易量的增加，不僅降低了商品成本，也透過提升效率間接壓低了通膨壓力，成為支撐全球經濟成長的主要動能之一。

然而，自 2008 年金融危機之後，全球貿易占比開始下滑，世界化的速度逐步趨緩。到了 COVID-19 疫情與俄烏戰爭爆發後，全球供應鏈陷入動盪，「國內優先」與「保護主義」抬頭，使得以效率為中心的全球化時代走向尾聲。

當前，主要國家紛紛重啟產業政策，依據本國優先原則推動經濟戰略，快速形成區域性經濟陣營化（block economy）[19]，國家與區域間的成長落差也將隨之擴大。

在過去的自由貿易架構中，WTO 對產業補貼有嚴格

---

19 譯按：指各國依據地緣戰略、價值觀或安全考量，形成封閉性或選擇性開放的經濟聯盟，逐漸取代過往以效率與比較利益為核心的全球化體系。此趨勢在近年美中科技與地緣對抗下日益明顯，成為國際經濟秩序重組的重要關鍵。

的規範。但自 2022 年起，美國透過《晶片與科學法案》與《降低通膨法案》對半導體等核心產業提供支持，實際上已跳脫 WTO 的約束。

隨著 WTO 影響力下滑，而製造回流與友岸外包（friendshoring）的趨勢加速，美國與盟國為核心的供應鏈重組成為明確方向。在這樣的背景下，地緣政治風險成為國際經濟的重要變數，各國將更傾向於以政治利益為導向，構築具有戰略性的經濟聯盟。這種貿易碎片化與國家主義思維的抬頭，將削弱以往低成本、高效率的供應模式，進而推高生產成本。

長期而言，供應面所引發的結構性通膨壓力將成為新常態。根據歐洲央行（ECB）報告，全球若進一步走向貿易碎片化，將導致消費者物價指數年增率上升幅度介於 0.9 ～ 4.8％之間，遠高於過往的水準。

這意味著：高通膨與高利率可能在未來長期維持，全球經濟將進入不同於過去 40 年的結構性環境。

當通膨壓力升高時，貨幣政策的重心將勢必從「促進成長」轉向「壓制通膨」。這樣的轉變也將限制貨幣政策的彈性空間。

回顧 1980 年代以來的全球化時代，穩定的物價水準使得各國央行能以貨幣政策作為主要的宏觀穩定工具；但自 2022 年起，通膨重返成為政策焦點，「通膨防衛戰」重新成為各國央行的主要任務，貨幣政策的功能受到明顯局限。

因此，若物價環境持續不穩，美國政府未來極可能將政策重心轉回財政政策，以便直接支撐成長與穩定社會需求。

基於這樣的考量，即便未來通膨出現降溫，美國聯準會在沒有「明確勝利」之前，不太可能全面轉向溫和（鴿派）立場，仍將維持政策上的警戒與控制節奏。

政府主導成長，推動新一輪經濟躍升

目前，美國的實體經濟仍受到消費疲弱等因素影響，處於相對低迷的狀態；然而，政府主導投資成長型產業，預期將使資產市場維持「中度通膨」的格局。雖然，聯準會的貨幣政策刺激經濟的效果可能有限，但透過政府發動的資金投入，有望創造實質有效的需求。

實際上，自 2022 年以來，美國政府便以財政政策為核心手段，積極引導製造業回流與擴大外人直接投資。目前，

半導體與基礎建設相關職位已占新增就業的一半以上。

美國財政部強調,公共投資應發揮催化民間投資的效果。從近期美國製造業建設投資支出的走勢來看,可以觀察到政府主導的支出,正逐步帶動私人部門的投資活力。因此,未來股市的走勢,將高度取決於政府成長戰略能否有效引導民間企業跟進投資。

目前美國政府所推動的擴張性財政政策,與過去的「量化寬鬆」操作有本質區別。這並非透過中央銀行創造新貨幣供應,而是政府從市場籌資後再投入產業,也就是以舉債方式動用市場中既有資金。舉例來說,政府透過補助金方式對半導體、電池等產業提供資金,且不收取利息。這種無息資金支持的政策設計,已無法以傳統金融模型評估其資本成本,呈現出一種新型態的資金運作邏輯。

在這種「超額財政支出」的時代,運用資金的目的多與「經濟安全」綁定,而非以通膨控管為核心考量。

即使在 2023 年第二季之後,美國經濟的領先指標呈現上升趨勢,政府依然維持大規模發行國債。這與過去僅在經濟不穩或景氣下滑時,才採取財政擴張的做法不同,反而更接近 1990 年代的經濟模式。

這類國債發行，不單是為了刺激景氣，更多是反映政府對特定經濟目標或金融市場狀況的策略性回應。從長期來看，這些公共投資可能擴大民間獲利，甚至不能排除使當前的財政赤字轉為盈餘的可能性。

美國擴大財政赤字的經濟與地緣政治意涵

當美國選擇將自身利益置於首位、進而修改甚至直接廢棄既有的國際規範時，並不令人意外。這在歷史上早有前例，從布雷頓森林體系的建立與終結，到尼克森衝擊（Nixon Shock）[20]，再到廣場協議（Plaza Accord）[21]，無一不是美國依據當時的國家利益，果斷重塑國際經濟秩序的真實寫照。

---

20 譯按：又譯「尼克森震撼」，指的是 1971 年美國總統尼克森宣布終止美元與黃金掛鉤，正式結束布雷頓森林體系，全球自此進入浮動匯率時代。該政策未經國際協商，導致全球金融市場劇烈震盪。此舉雖解決了美國黃金外流與貿易赤字問題，卻也開啟日後高通膨與貨幣不穩的時代。
21 譯按：指 1985 年美國與日本、德國、英國、法國於紐約廣場飯店簽署的貨幣協定，目的是協調美元貶值，以改善美國龐大的貿易逆差。協議促使日圓與德國馬克升值，短期內有利美國出口，卻對日本造成資產泡沫與長期經濟停滯的連鎖效應。

這些事件的共同脈絡在於：美國一向不將既有體制視為絕對原則，而是作為可因時制宜調整的政策工具。換言之，只要有助於本國的經濟與政治利益，美國便有足夠的意志與能力，對全球秩序進行戰略性修正。

1971 年，尼克森總統宣布終止金本位制，正是這種靈活策略的經典展演。當時在金本位制度下，貨幣供給受到黃金儲備的嚴格限制，這種機制雖然提供穩定，但也極大地壓縮了政府在面對通膨與大規模債務時的操作空間。

一旦掙脫黃金的束縛，美國得以獲得貨幣政策上的自主性。從此，美國不再受限於黃金儲備，而能靈活調控美元的流通量。正因如此，美元迅速鞏固其在全球金融市場中的「基軸地位」，成為無可取代的交易與儲備貨幣。

這場體制變革，徹底改寫了人們對財政赤字與貨幣政策的理解邏輯。在金本位體制下，貨幣供給一旦過度擴張、債務膨脹過快，很容易引發經濟失序甚至系統性危機。但在金本位廢除後，只要美元的全球信任與穩定仍在，這類風險便被有效控制甚至邊緣化。

因此，如今美國政府在面對龐大的財政赤字時，不再將「削減債務」視為不可動搖的任務。這種鬆動的政策態度，其實正是建立在美元主導的全球金融秩序基礎上。換句話

說，美國能夠依賴自身發行貨幣的能力，將財政赤字轉化為一種戰略槓桿，進一步擴張其國際影響力。

在這樣的背景下，美國的財政赤字早已超越傳統的「景氣刺激工具」範疇，而成為鞏固產業競爭力與維繫全球霸權的重要武器。正如前文所述，AI、半導體、生技等高科技領域，皆為美國意圖長期主導的戰略核心產業。投入這些產業，不僅是一項經濟政策，更是一種地緣政治的布局。

透過通膨與高利率，打造美國產業霸權

美國之所以在推動高科技產業的同時，仍選擇容忍一定程度的通膨，背後其實有一個極具策略性的原因：在美國經濟體系中，位居主導地位的巨型企業具備強大轉嫁成本的能力，能將物價上漲壓力直接轉嫁給消費者，同時繼續擴張與獲利。

這些企業掌握壟斷或寡占地位，不僅能在通膨環境下存活，甚至還能進一步壯大。對它們來說，通膨不是障礙，而是一種篩選機制，能夠排除競爭力較低的對手，鞏固自身市場份額。

尤其在高利率與高通膨並存的環境下，資本成本提升，市場自然將資源導向最具效率與規模優勢的企業。這等於是政策導向下的產業權力集中工程，讓部分產業與企業獲得結構性的優勢。

以 AI 產業為例，美國若在該領域建立起技術與資本的雙重門檻，其他國家即便想追趕，也必須付出極高的代價與風險。這種情況下，美國就可以透過技術壟斷與供應鏈主導權，進一步設定規則、設下門檻，將全球競爭者排除在核心技術外。

這不只是市場競爭的結果，更是政策設計下的產業地緣政治：美國透過利率工具與財政赤字槓桿，引導資金集中於具戰略價值的產業，再利用通膨淘汰弱者，製造產業霸權。

這樣的策略背後，還有一層更深的國際意圖──提高其他國家進入關鍵產業的門檻與風險。一旦這些國家因資金成本過高、技術資源受限而無法追趕，美國就能穩穩掌控下一個世代的經濟話語權。

因此，美國目前擴大財政赤字、強化高科技投資的行動，絕非單純為了提振短期經濟或穩定財政，而是建立長期技術霸權、製造全球競爭的不對稱優勢。

這是一場跨越貨幣、技術、資本、地緣政治的「複合型戰爭」，而通膨與利率政策，不再只是各國中央銀行的技術操作，而是國家級產業戰略的一部分。

第**21**章

美國是否會迎來經濟衰退？

美國的經濟衰退憂慮

關於美國經濟是否可能進入衰退的討論從未間斷。2024年4月，市場曾擔憂聯準會的升息與高利率可能導致景氣放緩，但實際數據顯示經濟維持溫和成長，尚無法確證經濟衰退。到了7月，儘管升息效應的疑慮仍在，消費與就業市場卻持續穩健，使得進一步走向衰退的可能性看來偏低。

即便到了9月，市場對經濟放緩的擔憂仍未消退，但在政府的財政政策以及AI與技術創新投資的帶動下，經濟成長仍得以維持。實際觀察當時情勢，主要議題更接近「流動性緊縮」，而非真正的經濟衰退，這也解釋了市場擔憂情緒擴散的背景。

那麼，2024年經濟衰退疑慮擴大背後的原因為何？就我個人看法，美國政府是有意引導成長降溫，以順利推進發行長天期公債，例如再融資等目的。這類策略同時有助於管理整體債務的平均利率水準，也可視為美國為了在2025年重新成為製造業強國所進行的長期鋪排。

值得一提的是，市場利率也就是國債殖利率，若下滑1個百分點，將可讓美國政府的利息支出減少約16%。當利息負擔降低，政府便有更多財政空間得以挹注其他重要領域

的支出。

當然,部分中小企業確實面臨經營困難。例如羅素 2000 指數中,有高達 42％的企業出現負成長,凸顯這些公司所承受的經濟壓力。

然而,中型與大型企業的情況明顯不同。以 2024 年 9 月為例,中型股指數中僅有 14％出現虧損,標普 500 指數中甚至只有 6％的公司呈現負成長。這樣的財報落差說明,中小企業相較於大型企業承受了更大壓力。但要將此現象直接視為整體經濟衰退的徵兆,則仍嫌言過其實。

事實上,其他主要經濟指標仍展現出一定的韌性。例如,2024 年第二季 GDP 成長率達到 3.0％,顯示美國經濟仍處於穩健的成長軌道。就業市場表現亦相對穩定,失業救濟申請數保持在低位,反映出就業市場仍維持健康的訊號。

雖然特定中小企業的經營困境仍在持續,但若要將此作為整體經濟趨緩的依據,恐怕不太恰當。更合理的判斷應該是:美國的成長力道並未真正減弱。這也提醒了我們,在分析經濟走向時,不該僅聚焦於個別企業的負面數據,而應綜觀整體經濟指標,從更宏觀的視角進行判斷。

長短期利差倒掛是經濟衰退的訊號嗎？

許多專家根據殖利率曲線（Yield Curve，收益曲線）的倒掛現象，預測美國即將陷入經濟衰退。然而，若要捕捉經濟衰退的徵兆，與其單看殖利率曲線，不如直接分析實際進入市場的經濟數據更加有用。這是因為長期利率反映的不僅是景氣循環，也受到海外需求、財政政策以及期間溢酬等多種因素影響。

貨幣政策的效果通常會延後 12～18 個月，甚至更久才顯現。因此，殖利率曲線倒掛後經濟衰退會在何時發生，無法精確預測。根據過往案例，長短天期利差出現倒掛至衰退發生之間的平均間隔，大約為 13～19 個月；但也有例外，例如 1965 年，經濟衰退是在倒掛後長達 48 個月才發生。

此次循環中，殖利率曲線的倒掛持續時間已是歷來最長之一，但市場對經濟衰退的擔憂仍未消退。聯準會的立場則是：本次的長短利差倒掛不代表即將進入衰退。然而回顧歷史，聯準會的預測並非總是與實際相符。2007 年，聯準會否認衰退風險，隨後卻爆發金融危機；2022 年，聯準會曾評估通膨為「暫時性」，最終卻持續高漲。

這些案例提醒我們：聯準會的觀點不必然正確。因此，

比起照單全收聯準會的聲明，不如深入理解整體經濟結構與邏輯，才是更穩健的判斷方式。

在長短利差倒掛的環境中，也有人擔憂銀行的存放款淨利差（Net Interest Margin, NIM）將遭到壓縮。然而這一輪情況特殊：由於存款利率相對較低，利差受到的影響並不明顯，銀行財報表現仍相對穩健。

儘管聯準會不斷升息，存款利率卻上升得較慢，這種現象稱為「存款貝塔」（deposit beta）[22]。美國大型銀行的存款貝塔約在 30％出頭，整體銀行業平均約為 41％。也就是說，即使政策利率升高，銀行的存款成本並未同步攀升。

結果就是，雖然貸款利率上揚，存款利率卻維持低檔，讓銀行得以維持健康的利差，貸款增長也持續推進。這有助於壓低逾放比，減少了對高風險資產的貸放壓力。

這輪緊縮循環的關鍵在於：銀行並未將存款利率調升至與基準利率相同幅度。這使得一般民眾缺乏存款誘因，銀行也不積極吸收新存款，因此貸款擴張自然受到限制。

而經濟衰退通常發生在過度放貸導致信用風險爆發的情

---

22 譯按：指在利率變動時，銀行用來衡量存款利率對市場利率變動反應程度的指標。簡單來說，它告訴我們：當央行調升利率，銀行是否會同步提高給存戶的存款利率，以及提高多少。

況下，但此次貸款增速本身就不高，因此和傳統的衰退模式不同。這也說明了——經濟運行並非總依照教科書理論，殖利率倒掛與經濟衰退的關係，遠比表面現象複雜。

歷史上，美國經濟陷入衰退往往是因為重大外部衝擊，例如 COVID-19 疫情、雷曼兄弟破產、網路泡沫破裂，以及 1990 年代初期的商用不動產危機。但目前的情況，與那些戲劇性災變有明顯差距。

2023 年至 2024 年的經濟趨緩，是聯準會有計劃地導入「溫和式」的景氣降溫策略。雖然，早期通膨飆升主要是因供應鏈受阻所致，但聯準會其後將打擊需求端通膨作為主要目標，透過升息調整經濟成長速度，試圖讓成長回到潛在水平以下。此舉讓過去兩年逐漸轉向明確的「通膨降溫」格局，也讓聯準會能將目光移向其他領域，例如勞動市場與房地產市場。

若未來經濟數據出現比預期更快速的放緩，聯準會很可能會加速降息。這表示，若經濟真的出現衰退徵兆，聯準會仍具備足夠的政策工具可以因應，這也提高了市場對於潛在風險的承受力。

當前最可能引發市場對衰退擔憂的變數之一，就是失業率上升。但如果真出現失業率竄升、導致市場對「硬著陸」

的恐懼加劇，我反而會將此視為股票市場的「分批進場」機會。因為這一次的景氣放緩，很可能是聯準會與財政部透過移民政策所設計出的戰略調整過程。

如果這場經濟降溫是有計劃、有目標的，那麼長期來看，反而可能為資本市場帶來難得的入場時機與正向契機。

底層經濟景氣放緩訊號，是否意味股市下跌？

2024 年 4 月《褐皮書》（*Beige Book*）[23] 指出，愈來愈多消費品企業為了應對營收疲弱，開始進行降價及推出各類促銷活動。全美獨立企業聯盟（NFIB）針對中小企業的調查也顯示，預計在三個月內調降價格的企業比例，已超過計劃調升價格的比例。這些訊號正反映出當時市場對經濟衰退的擔憂已達到高峰。隨著經濟前景的不確定性升高，股市的波動性也大幅擴大。

然而，股市投資人應注意的關鍵在於：那些在就業與

---

23 譯按：聯準會每年發布八次的經濟報告，全名為《當前經濟情勢評論》（Summary of Commentary on Current Economic Conditions）。

GDP 中占有相當比重的小型企業，實際上並未上市。也就是說，即便許多由自營業者經營的小企業面臨業績困境，但這並不直接影響股市表現。

相反地，在半導體與機械等製造業領域，由於 AI 投資熱潮與製造回流推動，價格反而呈現上漲趨勢。製造業者對於通膨再次升溫的預期也持續上升。

最終，在股票投資中備受投資人重視的指標——每股盈餘（EPS），與其說是受小企業景氣好壞的牽動，不如說更受上市大型企業投資循環的驅動。事實上，自 2023 年 3 月以來，EPS 已明顯回升，目前幾乎看不出投資循環將放緩的跡象。

特別是大型科技企業正積極投資 AI 領域，美國主導的供應鏈重組腳步也正在加快。同時，因應電力與基礎設施的短缺問題，資本支出正擴展至工業製品、公用事業與能源（含再生能源）等多元產業。

在這樣的趨勢下，來自經濟下層的景氣放緩訊號，反而可能成為股市反彈的契機。自 2022 年以來，幾次重要的股市上漲行情，多數都是在市場對經濟衰退感到不安時發生。當實體經濟顯露疲態，長天期公債殖利率隨之走低，進一步催化了股市的上漲。

遺憾的是，小企業的業績惡化，極有可能在未來成為推升股市行情的「燃料」。景氣放緩雖對基層經濟帶來衝擊，但也會暫時壓抑就業與物價壓力，這樣的環境，反倒有助於股市維持一段時間的溫和上行格局。

聚焦美國的年度成長率

投資是一種建立在想像力上的行為。投資人經常依據自己描繪的故事做出投資決策，而非純然依據數據。在這樣的過程中，數據往往扮演的是落後角色。因為依據數據投資，使用的是已反映過的資訊，結果也容易淪為落後的表現。

從 2022 年下半年到 2023 年，許多專家預測美國經濟即將衰退。雖然最終結果與預測不盡相符，但我們可以認為美國實際上已在 2022 年經歷了一場微幅的景氣下滑，因此當時的預測並非全然錯誤，而是某種程度上的準確判斷。

隨著時間推移，市場對美國經濟成長率的預期持續上調，這反映出經濟數據開始呈現出正向訊號，支撐了更樂觀的成長預估。

根據過往資料，美國的潛在成長率普遍評估為 1.9 ～

2.1％之間。然而，受益於製造業回流、基礎建設投入與AI相關投資的帶動，美國目前有能力將潛在成長率拉升到至少2.5％以上，甚至有機會超越此一水準。

聯準會主席鮑爾所強調的「2％通膨目標」，在某種程度上其實是對債券投資人釋出的安定訊號；然而，這樣的訊息可能與政府實際追求潛在成長率提升的目標有所衝突。儘管如此，美國政府並不急於對外公開潛在成長率正在上升的事實，背後可能的考量包括避免以高利率籌資發債，或降低與他國之間的地緣經濟摩擦。

展望未來，美國經濟若呈現2％的年增率，市場可能視為偏弱表現；若達到3％，則有望解讀為景氣強勁。實際上，美國經濟可能正邁向比市場預期更加亮眼的表現。

當然，有些人或許會對這樣的樂觀論調嗤之以鼻，認為這只是「憑空寫小說」。但我們不是經濟學者，而是投資人。投資本就處在藝術與科學的交界地帶，若缺乏想像力，就只能不斷複製過去、錯過未來。

投資沒有標準答案。真正的關鍵是，如何在面對不確定性的同時，運用想像力建構出穿越未來的策略。這才是成功投資的本質所在。

第 22 章

從流動性角度
看市場趨勢

流動性與資產市場的關係

我原本預期，繼 2023 年之後，2024 年美國股市的走勢也將出現些許震盪，但從長期來看，整體仍會維持上升趨勢。這樣的判斷分析，主要是基於「流動性」才是資產市場中的核心驅動力。

在預測資產市場時，我認為比起基準利率的變動，流動性的變化才是更關鍵變數。即便聯準會採取緊縮政策，只要財政部施行寬鬆措施，資產市場依然有足夠條件持續上行。

事實也證明如此，從 2023 年起，即便聯準會不斷升息，但財政部透過寬鬆操作，營造出有利於資產市場的環境。這再次印證了——利率政策，並非唯一決定資產市場與整體經濟走勢的因素。

當美國經濟出現過熱跡象時，財政部有可能即使不配合降息，也會選擇採取緊縮政策。這與 2023 年形成鮮明對比，意味著財政部隨時可以透過緊縮流動性，調控經濟。

展望 2025 年，財政部的資金籌措策略可以歸納為兩點：第一，若逆回購餘額用罄，將減少發行短期國債；第二，配合聯準會的降息週期，調整中長期國債的發行規模。

2024 年上半年，聯準會與財政部透過協作，有效管理了市場流動性。未來這項合作是否能順利延續，將成為影響市場走向的重要變數。

一般而言，長短期利差倒掛常解讀為經濟衰退的前兆。當這種倒掛對金融市場產生負面影響時，央行往往會透過快速降息來穩定市場，藉此恢復利率曲線的正常狀態。

但這裡有個關鍵：回顧歷史可以發現，幾乎所有的降息行動都是在衰退已經開始之後才實施。因此，我們必須謹慎判斷，2024 年 9 月開始的降息，究竟是真正的經濟衰退訊號，還是對過度緊縮的修正？

這個判斷將成為理解市場走向的關鍵，只要準確掌握，就等於掌握了資產價格的核心節奏。

2025 年上半年值得關注的兩個重點

在展望 2025 年上半年時，特別值得關注的兩個因素是：物價的降溫速度與逆回購餘額（Reverse Repo Balance）[24]

---

24 譯按：指中央銀行（如美國聯準會）透過「逆回購操作」從市場回收資金後，市場機構（如銀行、貨幣市場基金）留在央行手上的資金總額。

的消耗狀況。

如果物價上漲率持續放緩，當前的實質利率水準可能就屬於過度緊縮，這將成為聯準會持續降息的正當理由之一。而若逆回購餘額迅速下降、甚至大幅耗盡，這也將對基準利率政策產生不小影響。

在這種情況下，若聯準會持續進行降息，將有助於長短期利差的正常化。因此，密切觀察物價與金融市場流動性，尤其是逆回購市場的動向，顯得格外重要。

目前，聯準會的流動性政策以及對股市的影響，是投資人之間熱議的主題。從 2023 年到 2024 年，聯準會的緊縮政策與銀行準備金的減少相互交織，導致逆回購餘額大量消耗。如今，隨著逆回購逐漸見底，市場開始關注短期資金市場的流動性管理將如何調整。

在聯準會的資產負債表中，主要資產包括國債與不動產抵押貸款證券（Mortgage Backed Securities, MBS）等，這些納入所謂的 SOMA 帳戶（公開市場操作帳戶）中，還有透過流動性支援機制所提供的放款。在負債端，關鍵則是銀行的準備金、逆回購帳戶，以及財政部一般帳戶（以下簡稱 TGA）。

逆回購餘額主要的功能，原是用以調節銀行準備金的流動性。當逆回購餘額下降時，代表市場上釋放出更多流動性；反之，若逆回購餘額上升，則代表吸走市場流動性。

同時，TGA 餘額也會對流動性產生實質影響。若財政收入增加，TGA 餘額上升，則代表吸收市場流動性；若政府加大支出，TGA 餘額下降，則意味著釋出流動性。

換句話說，逆回購與 TGA 餘額的總和若減少，就象徵市場流動性供給；若總額增加，則代表市場流動性被吸走。從 2022 年以來，財政部的流動性管理對整體經濟與股市都產生了關鍵性的影響。

過去，逆回購餘額一直維持在相對高檔，扮演流動性緩衝角色。但到了 2024 年第三季，逆回購餘額逐步下降至 2000～3000 億美元的水準。配合聯準會的量化緊縮與財政部的國債發行計劃，逆回購的消耗已邁入最終階段。

若要理解聯準會的流動性流向，就必須詳盡觀察各項經濟指標與政策工具如何彼此作用，並對市場產生實際影響。特別是逆回購與 TGA 餘額，通常會與標普 500 指數等股市走勢存在一定連動。

由於聯準會持續執行量化緊縮政策，銀行體系的準備金

正在穩定減少。市場上雖有聲音認為量化緊縮有可能提前終止，但部分投資銀行則持保留態度。就我而言，若量化緊縮不中止，短期資金市場可能面臨流動性吃緊的問題，進而對利率造成上行壓力。

資產縮表與流動性管理的平衡點

美國聯準會自 2022 年 6 月起啟動量化緊縮政策，逐步縮減所持資產，以推動貨幣政策的正常化。當時，聯準會的資產負債表規模約為 8.96 兆美元，近期則已降至約 7.08 兆美元的水準，這也為流動性環境與金融市場中的資產價格穩定性帶來變化。這項措施旨在削減疫情期間快速擴張的流動性，被視為實現貨幣政策正常化所需的關鍵步驟。

從聯準會的資產縮減速度與調整情況來看，我們可以觀察到量化緊縮的實際操作模式。聯準會自 2022 年 6 月起展開縮減資產，初期縮減資產的規模為每月 475 億美元，其中國債 300 億美元、不動產抵押貸款證券 175 億美元。

接著，自 2022 年 9 月至 2024 年 5 月，縮減資產規模擴大為每月 950 億美元（包含國債 600 億美元、不動產抵押貸

款證券 350 億美元），進一步加快調整的步伐。

然而，自 2024 年 6 月起，縮減規模再度調整為每月 600 億美元（國債 250 億美元、不動產抵押貸款證券 350 億美元）。根據此一安排，國債持有量約減少 1.41 兆美元，不動產抵押貸款證券約減少 0.43 兆美元；資金退場的速度亦根據經濟狀況與市場對流動性的需求進行調整。

不過，量化緊縮對實際流動性的影響仍相對有限。儘管準備金約減少 0.13 兆美元、逆回購則減少了約 1.56 兆美元，使整體流動性環境有所改變，但主要的流動性調整多數是透過逆回購帳戶完成。

即使聯準會透過縮表減少資產部位，仍可藉由逆回購操作吸收超額流動性，進而推遲市場面臨流動性緊縮的直接衝擊。總體而言，過去兩年的量化緊縮尚未導致全面性的流動性緊縮。

2024 年 9 月的 FOMC 記者會上，聯準會主席示意，將會同步推進降息與量化緊縮，作為貨幣政策正常化進程中的一環。這顯示聯準會在操作政策時，並非僅著眼於調整利率水準，也同步考量流動性管理與金融市場的穩定性，是更具策略性的部署。

📈 美國資產負債表負債變化趨勢

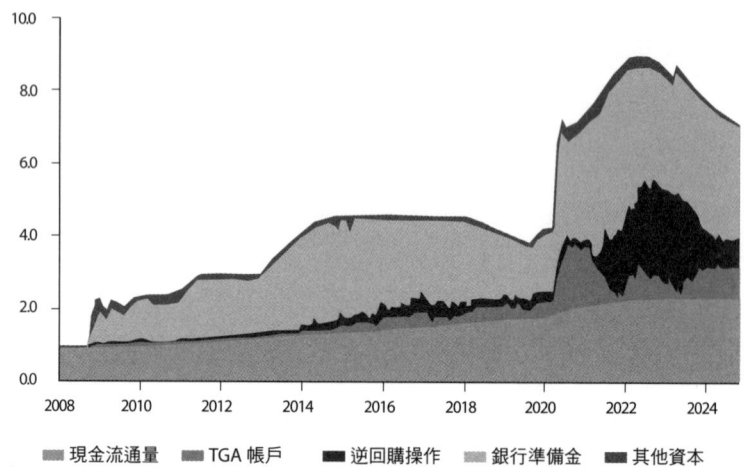

（單位：兆美元）

圖例：現金流通量　TGA 帳戶　逆回購操作　銀行準備金　其他資本

資料來源：國際金融中心。

透過逆回購帳戶調節流動性，成為聯準會實施量化緊縮過程中，避免金融體系流動性出現劇烈收縮的重要機制。

這使得在量化緊縮期間，聯準會雖有縮減資產負債表，但由於逆回購機制發揮緩衝作用，使市場實際感受到的流動性壓力較為有限。

此一策略反映了聯準會的政策意圖——即在不對短期資金市場或信用市場造成重大衝擊的前提下，仍能透過升息達成緊縮效果。事實上，自量化緊縮啟動以來，仍有大量流動

📊 量化緊縮前後,各項負債餘額變化

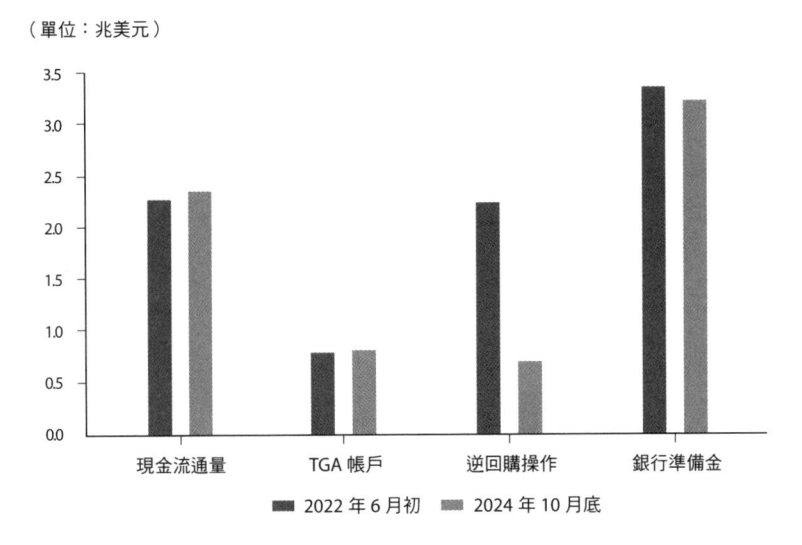

(單位:兆美元)

項目	2022 年 6 月初	2024 年 10 月底
現金流通量	約 2.25	約 2.35
TGA 帳戶	約 0.8	約 0.8
逆回購操作	約 2.25	約 0.7
銀行準備金	約 3.35	約 3.25

資料來源:國際金融中心。

性湧入逆回購帳戶,整體資金流動實質上並未出現劇烈變動,也導致貨幣政策的傳導效果出現一定程度的調整。

在過去兩年間,聯準會的量化緊縮大多透過逆回購操作所消化,這意味著實質性的流動性緊縮其實並未發生。

這主要是因為金融體系中所供應的大部分流動性,都已被逆回購工具所吸收,因此對資產市場整體的流動性壓縮效應有限。此外,在逆回購的過程中,聯準會透過結合資產縮減與利率政策,有效緩解了對市場造成的衝擊,避免金融體

系內流動性出現劇烈下滑。

總結來說，儘管量化緊縮作為資產縮表政策的一環持續推進，但整體實際的流動性環境並未出現明顯變化。未來在量化緊縮進入結束階段或搭配降息等貨幣政策調整時，這些過程將成為維繫金融市場穩定性的重要參考依據。

量化緊縮會在何時結束？

市場對於量化緊縮結束時點的預測各不相同。巴克萊（Barclays）與摩根大通（J.P. Morgan）認為，為了風險管理，量化緊縮有很大可能會在 2024 年底結束。花旗銀行（Citi）則預測，為了穩定資金市場，量化緊縮將會持續到 2025 年上半年。總體來看，聯準會可能依情勢彈性調整量化緊縮的結束時點。

聯準會的量化緊縮，主要目的在縮減因 COVID-19 而急遽膨脹的流動性，藉此抑制通膨，同時維護金融市場的穩定性。

不過，聯準會在量化緊縮的過程中也極為謹慎，避免因流動性緊縮對市場造成過大衝擊。由於資產退場主要透過逆

回購操作實施,因此對實際流動性的影響有限。市場對於量化緊縮終點的各種預測,加上聯準會彈性的應對策略,使得市場格外關注未來貨幣政策正常化的發展方向。

回顧過往,在 2019 年 7 月到 2020 年 4 月的降息循環中,聯準會曾經同時進行降息與量化緊縮,作為推進貨幣政策正常化的手段。例如,在啟動降息後,量化緊縮仍持續了約兩個月,並經過約五個月的「縮減步調期」(tapering),最終才正式結束縮表。

透過這種模式,聯準會能在維持金融市場穩定的同時,逐步推進貨幣政策正常化。因此,未來在結束此次量化緊縮的過程中,聯準會極有可能採取同樣的審慎節奏,透過漸進式調整來達成政策目標。

貨幣市場基金——新興流動性核心

在聯準會幾乎完成逆回購資金消耗的情況下,貨幣市場基金有望成為股市流動性的關鍵新樞紐。貨幣市場基金的資金餘額已突破 6.5 兆美元,並持續攀升。這不僅成為關注焦點,也可能成為影響降息循環的新流動性來源。與過去由逆

回購主導流動性管理的情況不同，未來貨幣市場基金對於流動性走向的重要性，正逐漸獲得更多認同。

根據歷史資料，貨幣市場基金資金餘額達到高點的時間點，往往與股市觸底的時機相吻合。當貨幣市場基金餘額累積之際遇到降息，原本投向短期債券的資金可能轉向股票或長期債券市場。這將為股市帶來新的資金流入，進一步推升整體市場的流動性。

不過，貨幣市場基金資金轉向股市的時點，也可能伴隨市場泡沫疑慮的聲音。即使市場進入過熱階段，只要與整體流動性相比，股市估值尚未過高，股價仍有繼續上行的空間。因此，當流動性開始轉向時，應密切觀察貨幣市場基金餘額是否開始實質流入股市。

當基準利率下調至一定水準以下，貨幣市場基金資金將逐步減少，這些資金傾向流入長期債券或股票市場。這反映出投資人尋求更高報酬而轉向風險資產的傾向。此舉將可能推動股市上漲。這樣的轉換若與聯準會政策協調一致，便能透過流動性補充降低市場波動性，同時維持漲勢，是重要的戰略性操作節點。

到了 2025 年，在透過逆回購所儲備的剩餘流動性幾乎被消耗殆盡的背景下，財政部的國債發行任務將面臨比以往

更大的挑戰。

我認為，在逆回購資金告罄之後，貨幣市場基金將扮演更重要的流動性供給角色。這不僅支撐資產市場的長期流動性走勢，也將成為股市持續上行的重要基礎。

貨幣市場基金餘額與資產市場的關係

大多數投資人在觀察流動性時，習慣只關注聯準會的銀行準備金、逆回購與 TGA 帳戶餘額。但實際上，對資產價格上升更具指標意義的，是貨幣市場基金中累積的資金規模。貨幣市場基金在高利率時期，被視為管理短期資金的安全選擇。

然而，一旦利率開始走低，這類資產的吸引力便可能減弱。換句話說，這些資金隨時可能轉向股市或債市等風險資產領域。因此，貨幣市場基金餘額的變化與股市走勢之間的關聯，成為解讀經濟局勢的重要變數。

接下來，我們將分析：為何在貨幣市場基金餘額持續上升的情況下，股市依然能保持多頭？又為何未來貨幣市場基金資金可能出現流出？

一般而言，聯準會升息會提升貨幣市場基金的吸引力，促使資金從股市與信用市場流向貨幣市場基金，對風險資產形成下行壓力。畢竟，利率上升讓投資人可在相對安全的標的中獲取更高收益。然而，出乎意料的是，自 2023 年起，儘管貨幣市場基金餘額快速增加，美國股市卻一路走高。背後的驅動力來自幾項關鍵因素。

第一，是海外資金的大舉流入。美國經濟的增長性與穩定性，相對歐洲、日本、中國及新興市場仍占優勢，因此強化了外資對美國股市與信用資產的信心，推動外國投資人持續進場，連帶提高美元需求，進一步推升美元匯率。

第二，AI 主題所帶來的市場結構性轉變。AI 產業的發展潛力與長期價值，使其成為撐起美股與信用市場的核心敘事。即便在高利率環境下，市場仍願意買單 AI 的未來成長機會，使得短期報酬率退居其次，風險資產仍吸引大批資金持續投入。

截至 2024 年第二季，美國貨幣市場基金的資金規模已經超過 6.5 兆美元了。雖然，這些資金目前仍停留在貨幣市場基金帳戶中，但具備高度的流動性，隨時可能根據市場氛圍與政策走勢，轉入資產市場，成為推動未來一波行情的潛在火種。

貨幣市場基金餘額減少的時點與影響

預測貨幣市場基金餘額開始減少的時點，有一個關鍵指標：歷史模式。從過去的數據來看，貨幣市場基金餘額通常會在觸及高點後，十年期美債殖利率會短暫反彈、隨後再度下行的階段開始下降。

在以往的景氣循環中，貨幣市場基金餘額往往會因經濟放緩而增加，例如出現設備稼動率下降等景氣衰退的初期徵兆時。此外，也常出現失業率上升的同時，貨幣市場基金餘額卻反向減少的情形，這通常解讀為聯準會啟動寬鬆政策，引發貨幣市場基金資金外流的訊號。

值得注意的是，聯準會自 2024 年 9 月已開始進行政策寬鬆。然而，這一輪的景氣循環與過去不同：設備稼動率相對穩定，並且預期原物料與製造業的資本支出將會增加，這與過去經濟下行時企業普遍削減投資的情況有顯著差異。

雖然這次的降息背景與過往不同，但從歷史經驗來看，聯準會的寬鬆政策確實曾引發貨幣市場基金的資金流出、進入股市與債市。因此，我們可以預期，在未來某個時間點，將再次發生「資金轉向」（money move），此時，貨幣市場基金中的龐大資金將湧向資產市場。

即便這次的資金移動不如以往那樣迅速，但這輪降息可能不是終點，而是新一輪資產行情的起點。因此，在整個降息週期間，我們有理由預期，股市與信用市場將迎來來自貨幣市場基金的資金淨流入。

未來展望與貨幣市場基金餘額的波動性

若貨幣市場基金餘額開始減少，將對美國經濟與股市的整體氣氛產生重要影響。當貨幣市場基金的資金重新流入市面時，不僅能為資產市場注入活力，若聯準會同步展現出寬鬆的政策基調，也有望進一步改善整體的投資與消費信心。

有個值得關注的案例：當聯邦基金利率（Federal Funds Rate）接近零的時期，持有「美國財政部的國債直購平台TreasuryDirect」（以下簡稱為 TreasuryDirect）[25] 帳戶的美國家庭，僅有約 70 萬戶。這反映出在低利率環境下，美國國債對多數家庭來說，並非吸引人的投資選項。

TreasuryDirect 是美國財政部推出的線上平台，允許個人

---

25 譯按：美國財政部提供的線上國債投資平台，允許個人投資人直接購買並持有美國政府發行的債券，包括儲蓄債券（Savings Bonds）與國庫券（Treasury Bills, Treasury Notes, Treasury Bonds），不需透過券商或銀行。

或法人直接買賣美國國債，無需透過銀行或券商。透過這個帳戶，投資者可以無手續費持有美國國債，享有聯邦利息收入，並免除州稅與地方稅。此外，平台也支援「自動投標」功能，方便定期購債。

然而，隨著聯準會開始升息，TreasuryDirect 的帳戶數量快速攀升，一舉突破 400 萬戶。利率上升帶動國債利息水準提高，使得更多家庭開始將其視為穩健的投資管道。

但值得注意的是 —— 即便聯準會尚未正式降息，TreasuryDirect 的帳戶數已經開始減少。這顯示出部分投資者已在調整策略，逐步將資金轉向可能帶來更高報酬的其他資產。當前雖仍處於高利率環境，但若未來利率逐步下行，這股資產轉移的趨勢勢必更加顯著。

截至 2024 年第二季，貨幣市場基金的資金規模已累積超過 6.5 兆美元。在高利率環境下，貨幣市場基金一向被視為低風險、適合短期資金停泊的工具，因此受到市場青睞；但當利率開始下調，其吸引力可能隨之減弱。

因此，隨著聯準會進入降息循環，市場愈加關注家庭所持有的國債與貨幣市場基金資產將出現何種流向。當國債與貨幣市場基金的收益率跟著下滑，家庭為追求更高報酬，可能將這些資金轉往其他資產類別。

持有國債交易帳戶（Treasury 帳戶）的家庭數量

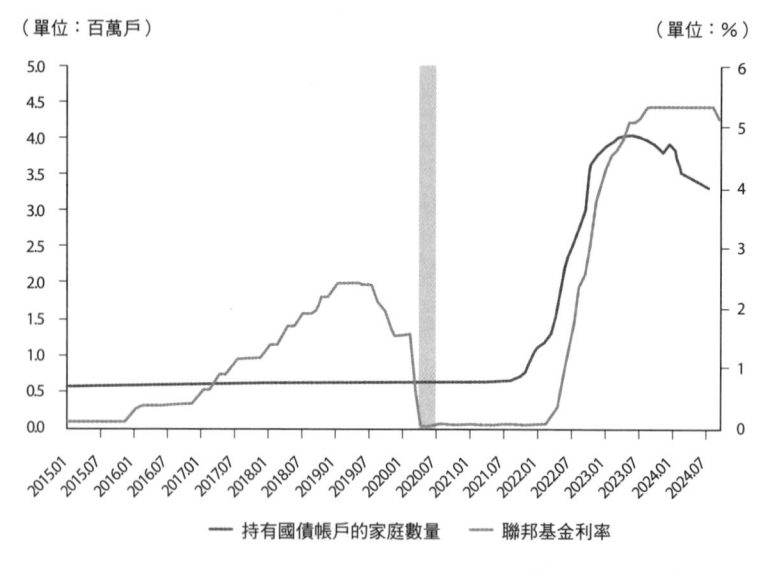

（單位：百萬戶） （單位：％）

— 持有國債帳戶的家庭數量　— 聯邦基金利率

資料來源：美國財政部。

最可能出現的情境是，家庭將資金自國債與貨幣市場基金中撤出，轉向投資於信用債（如公司債）或股票等風險性資產。這反映出，在利率走低的環境下，家庭為追求更高收益，承擔風險的意願正在提升。

若美國在降息之後並未出現經濟硬著陸，而是延續穩健的成長趨勢，那麼投資人與企業的信心將有望逐步回升。例如，2024 年 10 月，資訊科技設備投資已連續三個月呈現成長，這可視為一項正向訊號，不僅提升市場對經濟復甦的預

期,也可能對股市帶來激勵效果。

因此,隨著利率與市場流動性的變化,資金有可能重新流入股市。而這樣的資金動能是否形成趨勢,將高度取決於整體經濟是否維持穩定,也將成為決定股市走向的關鍵因素之一。

貨幣市場基金與股市:簡化連結具有風險

僅僅因為貨幣市場基金的資金流入股市,就將此視為股市上漲的直接訊號,是一種過於簡單的解釋。雖然,我們前文一直在說明貨幣市場基金可能成為股市上行的動力,但這裡看似要推翻這個主張。

關鍵在於貨幣市場基金資金的循環性。貨幣市場基金的資金特性——它不是單向流動,而是在金融系統內部不斷轉移與循環。因此,即便貨幣市場基金餘額總量沒有變化,資金的流動仍會影響市場情緒與流動性供給,進而對資產價格造成變化。

貨幣市場基金長期的增長趨勢與經濟成長高度相關。隨

著經濟成長，資產逐漸累積，市場對於管理短期閒置資金的需求也增加，使得貨幣市場基金的重要性提升。然而，短期內貨幣市場基金的餘額，仍會因為與資產市場的互動而劇烈波動。

舉例來說，在股市上漲期，資金會從貨幣市場基金流入股市，導致其餘額下降；反之，在經濟衰退期，投資人拋售資產後的資金常會進入貨幣市場基金，使其餘額迅速攀升。

2008年金融危機與2020年疫情初期就是代表性例子。當時投資人因規避風險而偏好持有現金，導致貨幣市場基金餘額激增；隨著市場回穩，這些資金再度回流至資產市場，貨幣市場基金餘額也隨之下降。

這些例子清楚說明，貨幣市場基金餘額的短期變動，是經濟環境與市場情緒變化的結果。

貨幣市場基金餘額減少與股市上漲能同時出現的原因，在於資金的循環結構與市場心理的互動。

當貨幣市場基金的資金流入股市，買方的資金會透過買進股票進入資產市場，但賣方收到資金後，卻不一定會把錢再存入貨幣市場基金。這些資金可能再投資於其他資產，或用於定存、償還負債等方式，最終脫離待機資金的範疇。

📈 儲蓄性存款與 MMF 餘額趨勢

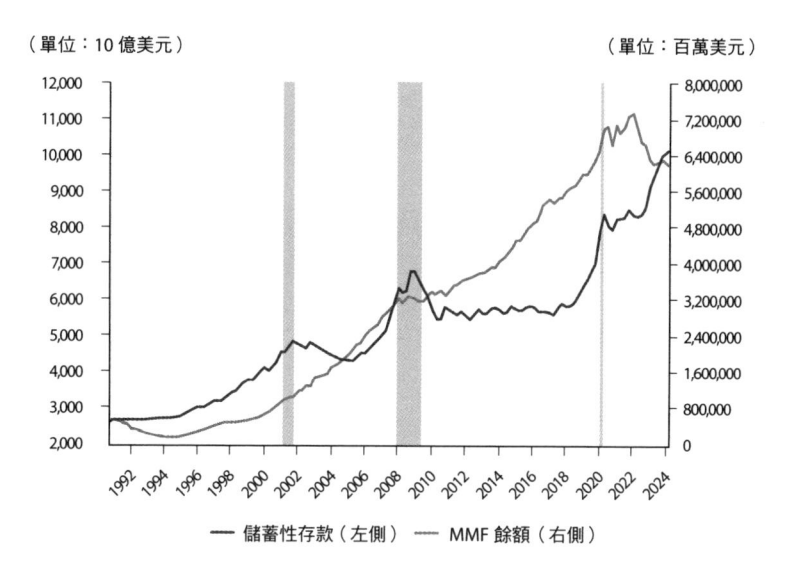

(單位：10 億美元)　　　　　　　　　　　　(單位：百萬美元)

```
                                        儲蓄性存款（左側）   MMF 餘額（右側）
```

資料來源：美國聯準會經濟資料庫（FRED）。

雖然沒有絕對的標準答案，但我個人認為，像貨幣市場基金或活期存款這類高流動性的資金，可以視為對股票等風險資產的「待命資金」。當投資人賣出股票後，其中一部分資金會回流到貨幣市場基金或活存帳戶中，這些資金隨時都有可能再度回流股市。

至於透過首次公開發行（IPO）所募集的資金，則與上述「待命資金」性質不同。

企業發行新股所獲得的資金，通常用於研發、擴張業務

📈 美國新股發行金額之 12 個月累積平均

（單位：10 億美元）

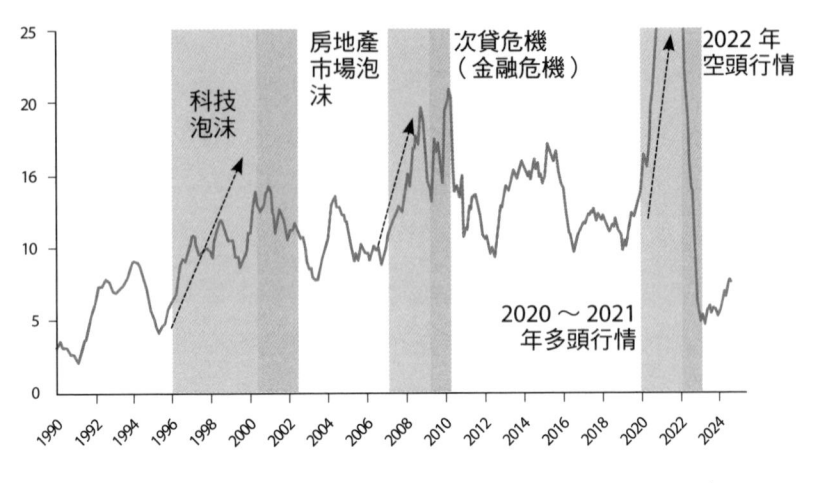

圖中標示：科技泡沫、房地產市場泡沫、次貸危機（金融危機）、2020～2021 年多頭行情、2022 年空頭行情

資料來源：新韓投資證券（Shinhan Investment Corp.）。

等實體經濟活動，而非短期的市場操作。這些資金不太可能再流回貨幣市場基金或活存帳戶，而是傾向進入定存存款或用於企業投資、資本支出等實質用途。

因此，若要判斷貨幣市場基金資金的減少，是否真的會引發股市泡沫，就必須觀察 IPO 等新股發行是否進入活絡期。當有大量資金湧入新上市公司時，往往意味著市場過熱的風險升高，同時會對市場的流動性與投資人情緒造成強烈的衝擊。

事實上，從 2000 年代的網路泡沫、2008 年美國房市泡沫，到 2020 年代的市場過熱現象，這些案例都呈現出一個共通模式：當群眾投機心理達到高峰時，泡沫往往悄然醞釀、甚至開始崩解。

當投資人懷抱著投機心理大量湧入股市，企業則趁勢透過 IPO 或現金增資進行資金募集，利用高漲的股價進一步籌資。這樣的資金循環反而加速了市場過熱，推動資產價格偏離基本面。

近兩年，AI 相關股票也曾引發類似討論。雖然，部分聲音指出 AI 概念股已被高估，但目前為止，還未出現典型的投機性泡沫現象。

這再次提醒我們，單靠貨幣市場基金資金流入股市，並不會自動引發泡沫。真正的泡沫，多半是在「大眾投機心理」與「新股發行潮」同時出現時才會爆發。

過去的數據顯示，經濟衰退後，貨幣市場基金資金通常會急速增加，隨著聯準會推出刺激政策，這些資金又會快速流向資產市場。然而，這類歷史循環未必會在未來如法炮製。雖然，我們可以透過以往的資金流動分析市場，但不能簡單預設未來會重演同樣的劇本。

特別值得注意的是，未來的市場波動可能比過往更加劇烈。原因不僅是因為聯準會與政府可能調整政策方向，也可能是來自市場本身結構的根本變化。在這樣日益複雜的市場環境中，僅靠套用過去經驗顯然不足以應對未來挑戰。

因此，在高度變動的時代裡，真正能制定成功投資策略的人，必須深刻理解「資金流向」與「資產市場互動」的動態關係。參考歷史是必要的，但更關鍵的是——具備讀懂當下變化、並快速調整應對的市場敏感度與策略洞察力，這才是穿越未知市場的重要能力。

貨幣供給與流通速度的祕密

要理解資產市場泡沫與實體經濟通膨之間的關聯，我們必須仔細觀察三個關鍵變數：貨幣供給量、貨幣流通速度，以及貨幣乘數的變化。

美國聯準會一方面為了穩定物價而謹慎調控貨幣供給量，另一方面也持續向市場提供維持經濟運作所需的流動性。自 2022 年起，美國的 M2 貨幣供給量出現下降，雖然市場對此有多種解讀，但我認為這與升息引發資金流向貨幣

市場基金有密切關聯。

聯準會升息後，許多投資人將資金自低利率的銀行存款轉出，轉而投入具備較高收益的資產，例如貨幣市場基金，導致貨幣市場基金的資金規模快速擴張。

這裡有個關鍵要點：機構型貨幣市場基金並不被納入 M2 的統計項目。這代表，儘管 M2 呈現下滑，但實際上只是市場資金轉移至貨幣市場基金，使得表面上的流動性看似減少。這並非資金真正消失，而是投資人在面對經濟不確定性時，選擇將資金轉往高利率且相對安全的資產配置。不過，從分析資產市場流動性的角度來看，這樣的現象仍會解釋為「市場的淨流動性正在減少」。

當銀行放貸增加、但資金主要流入不動產或股市等資產市場時，就容易形成資產泡沫。在這種情況下，雖然貨幣乘數可能上升，但由於未能有效刺激實體經濟中的消費或生產活動，貨幣的流通速度反而可能停滯。過度集中在資產市場的流動性，會推升資產價格快速上漲，卻可能導致資產價格與實體經濟脫鉤的情況。

補充說明，所謂「貨幣乘數」指的是基礎貨幣（M0，流通中現金）擴張成為 M2（廣義貨幣）的倍數，與銀行放款行為密切相關。當銀行積極擴張放款時，基礎貨幣會透過

新增存款進一步放大，進而推升貨幣乘數。但若銀行貸放受限，貨幣乘數則不易上升，M2 的增長效果也會隨之減弱。

相對地，「貨幣流通速度」反映的是市場中貨幣運行的頻率，也就是 M2 在經濟活動中使用的頻繁程度。舉例來說，即便銀行放款沒有顯著成長，但若像貨幣市場基金等資產所產生的利息收益用於消費，那麼這部分資金仍能活化經濟、推升流通速度。這也解釋了為何即使在高利率環境下，消費仍能維持一定動能，並帶動貨幣流通速度上升。

但在經濟不確定性升高的時期，無論是企業或家庭，往往傾向將資金用於償債或儲蓄，而非消費與投資。這種情況下，貨幣雖仍存在於體系中，但實際流動頻率下降，導致整體貨幣流通速度走緩。

新經濟典範：
製造業復興與信貸創造的正向循環

美國 GDP 的成長，主要透過「廣義貨幣供給」（M2）與「貨幣流通速度」（V）的上升所推動。換句話說，只要擴大 M2 或提升貨幣的流通速度，GDP 就有上升的空間。

從這個角度出發,理解貸款與信貸創造對 GDP 的影響時,就必須納入這條公式:

$$M2 = M0 \times 貨幣乘數（k）。$$

因此,促進消費與投資、活化金融市場、擴大放貸與信貸創造,正是美國維持經濟成長不可或缺的條件。

到了 2025 年,隨著美國製造業的復興,貨幣乘數有望出現明顯上升。當製造業復興正式啟動後,必然伴隨建廠投資(Factory Construction)與推進基礎建設。這樣的政策方向不僅僅是為了短期刺激,而是著眼於經濟結構的轉型與建立永續成長的基礎。

- 生產設施;
- 物流與交通基礎建設;
- 能源基礎設施;
- 數位基礎建設。

美國政府透過《降低通膨法案》、《晶片與科學法案》等措施,以直接財政支出或補貼民間企業的方式來推動基建

投資。舉例來說，當政府對基礎建設項目投入一兆美元時，承包的建設公司為了應付材料採購、支付工資與購買設備等需求，往往會向銀行申請額外貸款。隨著放貸規模擴大，商業銀行的資產負債表擴張，進一步推升 M2，也導致貨幣乘數上升。

製造業企業的資本支出亦扮演關鍵角色。例如台積電、英特爾（Intel）、特斯拉這類公司在美國新建工廠時，會透過自有資金、銀行貸款或發行公司債籌措資金。隨著企業貸款與發債活動增加，銀行的信貸創造機制被啟動，帶動 M2 擴大，進而推升貨幣乘數。

若政府鼓勵民間參與基建投資，並透過「公私合夥制」（PPP）實行，當民間企業透過銀行貸款投入公共建設，將進一步活化銀行的信貸機能，使得貨幣乘數持續上升。

值得注意的是，基礎建設投資並不會立即帶來消費支出的明顯增加，因此，在短期內對貨幣流通速度的影響可能有限；然而，它對貨幣乘數的影響則非常明顯。當企業透過貸款或發債進行資本支出時，M2 的成長速度會高於基礎貨幣（M0）的增速，進而推升貨幣乘數。

此外，從 2023～2024 年間，股市的活絡也是推動貨幣流通速度上升的另一股力量。當股市交易頻繁，買賣行為更

加活躍，自然會提升資金在市場中的流轉頻率。與房貸或企業貸款不同，股市交易大多是投資人之間的資金轉手。舉例來說，當 A 投資人買入股票、B 投資人賣出股票後，B 可能會將賣出所得存入貨幣市場基金，或轉投入其他資產。這樣的資金再循環會使得貨幣市場基金餘額短暫上升後再次下降，形成動態的資金流動結構。

2025 年，製造業與實體市場預期將重新獲得強勁動能。在宏觀經濟的順風帶動下，加上美國老化基礎建設面臨升級壓力，民間對基礎建設領域的投資吸引力正逐步增加。

根據世界經濟論壇（WEF）的預測，到 2040 年為止，全球將面臨高達 88 兆美元的基礎建設資金缺口。這項缺口凸顯了交通、能源、物流等核心系統，亟需因應技術進步與需求上升進行全面性重整。

美國的《兩黨基礎建設法案》（*Bipartisan Infrastructure Law, BIL*）已核准總額 1.2 兆美元的基建支出，其中約 5500 億美元將用於「全新」項目與計劃，包含交通基建、能源基建與數位基礎設施的現代化建設。

此外，生成式 AI（Generative AI）的高速發展，也導致對資料中心與電力基礎設施的需求激增。資料中心基建已成為雲端運算、AI 推理與訓練、物聯網（IoT）、5G 通訊等

關鍵科技的基礎支撐,更提供了長期成長的戰略機會。

儘管處於高利率的矛盾環境,過去兩年美國仍成功推升資產市場的活躍度。這種現象反映出,即便在高利率時期,透過資產間的資金快速循環,仍能帶動貨幣流通速度上升。展望未來,透過基礎建設重建與製造業復興所推動的信貸創造,有很高機率將進一步推升貨幣乘數。

這代表的不只是單純的基建升級,而是美國產業結構的根本性轉型。隨著製造業復興的浪潮啟動,預期生產設施與基礎建設的建設需求,將增加放貸規模與信貸創造。

不過,這一連串正向循環最大的潛在風險,仍是通膨重新加速的可能性。儘管近期通膨升幅已有放緩,但早有跡象顯示,通膨可能再度升溫。若聯準會政策轉向得太快、太早,就可能再次點燃通膨壓力,導致如 2022 年般的市場衝擊風險再次上演。

然而,2025 年的通膨若與 2022 年的成因不同,那麼政策因應的方式也可能產生根本差異。特別是若美國進入「川普 2.0 時代」,其政策工具與戰略反應,很可能與 2022 年聯準會的做法完全不同。

然而,市場在等待的不是聯準會是否會重複 2022 年的

劇本，而是這一次，美國會選擇什麼樣的戰略路徑。當前的局勢與三年前有著本質差異：當時的通膨是被需求過熱推高；而現在，我們面對的是一場政策主導的結構轉型。

美國政府正有意識地改寫資金的流向。從《基礎建設投資與就業法》到《晶片與科學法案》，從綠能補貼到製造業稅務優惠，資本正被引導回到實體產能。半導體、電動車、能源轉型、數位基礎建設等，這些並非單點政策，而是拼湊成一個完整藍圖：美國要重新塑造自己的產業底盤。

這種資本導向與過去單純依賴降息刺激需求不同，它讓信貸需求與投資規模同步擴張，即便高利率仍在，資金流速依然被政策推著前進。

但這條路徑也意味著新的風險。當製造業復興帶動就業與薪資上升時，國內消費力會被重新點燃；同時，高關稅與更嚴格的移民政策會推高生產成本與勞動力價格。

如果 2022 年的通膨像是一場突然爆發的野火，那麼 2025 年的通膨更像是一股暗潮：它不是瞬間失控，而是被政策推動、慢慢抬升，讓價格結構發生質變。

這也讓聯準會的角色變得更加尷尬。當通膨來源不再是單一需求過熱時，僅依靠利率調節可能失去效果。

若資本被大規模導入製造、能源與基礎建設,即便政策轉向降息,市場仍會面對供給端瓶頸與成本壓力同時存在的局面。這不再是一個單純的利率週期,而是政策、產業、金融三股力量交錯形成的新局。

　　因此,接下來觀察美國經濟,不只是看聯準會的決策,而是要追蹤資金流向被引導到哪裡、哪些產業會成為新一輪資本競爭的戰場,以及這些結構性改變如何重新塑造全球資本市場的秩序。

第 23 章

AI 產業如何估價？

如何衡量產業價值？

產業價值主要根據收益、成長性與風險來評估，通常可透過股利、折現率、成長潛力與風險程度等要素加以表現。

> 產業價值＝（股利 ÷ 折現率）×（成長性 ÷ 風險）

這套公式常被來衡量，一個產業目前所創造的獲利（股利）、未來成長的潛力，以及該產業的穩定性。

當政府決定將某個產業列為戰略性重點發展對象時，該產業的「風險」會因政府提供的財政或政策支持而降低。舉例來說，若 AI 被指定為國家戰略產業，並獲得政府強力扶植，那麼該產業中企業所面臨的風險因素就會下降，能在更穩定的環境中營運。這不僅提升產業的成長潛力，也提高轉化為實質股利的機會。

最終，這會全面強化產業的經濟價值。這樣的機制成為產業長期經濟成功的重要基礎，而戰略性產業的指定，同樣將對國家整體經濟帶來深遠影響。

美國在發展 AI 產業的政策中，目標不僅是促進經濟成長，更蘊含著戰略層面的考量。AI 技術除了能提升產業競

爭力外，也關係到國家安全、軍事實力與大規模資料應用能力等多元面向，因此具有高度的國家戰略價值。

所謂的「折現率」，在產業被列為戰略產業時，可能出現獨特的經濟涵義。一般來說，折現率常被視為產業發展的阻力來源，但若將其與通膨與高利率政策的背景連結，觀察角度會有所不同。

在高利率環境下，那些具備價格決定能力的大型企業，反而可能因將成本轉嫁給消費者而取得更多利潤。換句話說，這類企業具備更強的市場支配力，進而在高通膨期間進一步鞏固其壟斷地位。

因此，高利率對企業獲利的影響，會依企業規模與財務體質產生顯著差異，這點從各大市場指數成分股的財報表現中，便能清楚看出。

以 2024 年 10 月為例，羅素 2000 小型股指數追蹤的企業中，約 42％ 呈現虧損；相比之下，羅素中型股指數（Russell Midcap Index）指數與標普 500 指數的虧損比例，僅為 14％ 與 6％。

對投資人來說，這樣的差異提供了關鍵洞察──羅素 2000 小型股指數主要由小型企業組成，這些企業通常資本

各美國指數中呈現虧損業績的企業比例

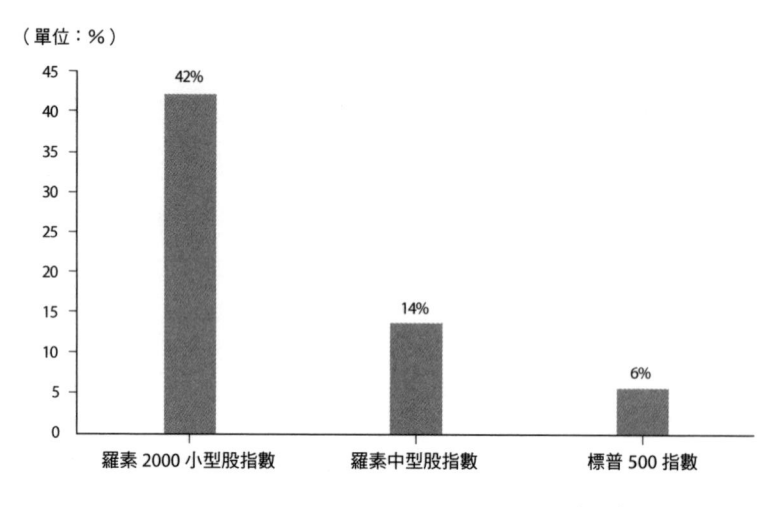

（單位：%）

指數	虧損企業比例
羅素 2000 小型股指數	42%
羅素中型股指數	14%
標普 500 指數	6%

資料來源：彭博社。

結構脆弱、利息負擔較重，對經濟波動的敏感度也更高。因此，當利率上升時，這些企業的財務壓力會隨之增加，虧損的機率自然上升。

相對地，納入標普 500 指數的大型企業，呈現虧損的比例明顯較低。這是因為這些企業通常擁有更穩定的收益結構、更強的資本籌措能力，並且能更有彈性地應對經濟衝擊。此外，這類企業多在多元市場營運，具備分散風險與優化成本結構的能力。

這類分析對於理解高利率對企業營收的影響具有重要意

義,也能幫助投資人調整自身投資組合、管理潛在風險。尤其當經濟波動加劇時,觀察市場中不同領域企業的財報表現,有助於投資人做出更具資訊基礎的判斷。

從這個角度來看,容忍通膨緩步上升與高利率的政策,不僅是美國推動國內大型企業壯大、強化產業競爭力的手段,更可視為一種戰略性工具。此類政策形同一道阻擋他國產業進入市場的無形壁壘,使美國能進一步鞏固其在全球市場中的主導地位。

這樣的經濟策略,對於美國的長期國家發展計劃以及國際競爭力的強化,扮演著關鍵角色。未來美國政府也可能考量維護自身產業優勢與國家競爭力,進而選擇刻意維持高利率環境。

畢竟,高利率會使外國企業籌資成本上升、投資環境更為嚴苛,進而抑制競爭國家在相關產業的參與及發展。如此一來,高利率與通膨環境對美國本土大型企業反而形成利多,同時發揮了遏止國際競爭的戰略效果。

這種藉由利率與資本集中化來維繫產業霸權的邏輯,實際上與美國過去依靠核能產業維持主導地位的戰略路線,可謂如出一轍。

AI 產業與未來霸權戰略

美國正透過引領 AI 產業，強化其在全球市場的主導地位。這不僅是為了創造經濟收益，更是維繫國家霸權的重要戰略手段。而且 AI 技術的影響力遠不止於商業領域，它同時在國家安全、軍事與社會影響力擴張等多個層面，扮演著關鍵角色。

這與 20 世紀中葉美國在核能產業取得主導地位，並以此為基礎建立全球秩序的戰略如出一轍。當時，美國透過研發核武器，確立軍事優勢，並主導制定核不擴散協定，成功限制核技術擴散，鞏固了其全球霸權。

若從這個脈絡來看，美國若欲在 AI 領域實現獨占式發展，進而維持全球領導地位，那麼容忍高利率與通膨的政策策略，將會是極具效力的工具。這樣的戰略將進一步強化美國本土產業的競爭優勢，並成為維繫經濟與技術霸權的關鍵手段。

我對於美國政府的「戰略意志」評價極高。目前美國投入的大量預算項目，以及對半導體與 AI 產業的各類監管，多數都依據《國防授權法》（*NDAA*）進行。這意味著，美國將這些議題視為與國安直接相關的軍事問題，而非單純的

經濟或產業政策。從這個角度來看，美國的行動更像是一場非傳統戰爭。

此外，美國聯準會若拒絕配合兩黨在軍事議題上已達成共識的預算支出，幾乎是難以想像的事。這說明了，美國將被迫支持這些具軍事重要性的預算方案。

美國財政部對財政赤字的看法是：為了實現中期的可持續成長，當前的財政政策是合理的。財政部主張，所謂「投資美國」政策已經將民間投資推升至歷史高點，並在推動製造業回流方面發揮了關鍵作用。為了這個目標，政府已陸續實施《降低通膨法案》、《基礎建設法案》、《晶片與科學法案》等，並大規模投資潔淨能源、基礎建設與製造業，以強化美國的經濟競爭力。

而「計劃33」（Project Overmatch）[26]則是美國海軍「2024年航行計劃」（Chief of Naval Operations Navigation Plan 2024, NAVPLAN 2024）的一部分，主要用以應對印太地區中國軍事力量的上升威脅。該計劃強調將機器人與自主系統整合進海軍作戰中，透過無人機與自主船艦執行偵察、監控與打擊任務。由於無人與自動化戰力對海上防衛至關重

---

26 譯按：美國海軍於2020年啟動的高機密先進軍事計畫，目標是透過AI、資料鏈技術和自動化指揮系統，實現美軍各軍種間更即時、有效的聯合作戰能力。提升美軍在海上與多域作戰中的即時決策與火力整合效率。

要,與此相關的 AI 企業因此備受關注。

隨著 AI 與自動化技術的擴展,預期將為國防產業企業帶來新的合約機會。當 AI 被大規模導入軍工系統後,將加速這些企業的營收成長,若成功取得政府合約,企業的財務體質也將隨之改善。

整體而言,這些戰略清楚地展現:美國正以中長期的視角,在全球海權與未來威脅之間建立因應架構,同時反映出經濟與國防政策正日益交織、難以分割的現實。

第 **24** 章

實體經濟低迷，
股市能否繼續上漲？

股市多頭的催化劑

回顧過去 30 年的數據可見，降息通常與股市的空頭行情連結在一起。這主要是建立在低通膨時代的背景下，當經濟衰退來臨時，聯準會會啟動降息因應，如此一來反而對股市造成衝擊。

但目前的情況截然不同。在高通膨時代，升息反而成為空頭起點的信號，而降息則可能成為多頭行情的催化劑。關鍵差異在於：這一波降息不是來自經濟衰退的壓力，而是物價回落所帶動的政策轉向。

透過利率與股價的互動，我們可以清楚區分高通膨時代與低通膨時代的市場邏輯。從市場對利率下降的樂觀反應來看，顯示我們仍處於高通膨架構之中，而利率下行可能正是一種多頭訊號。

目前市場普遍將聯準會的升息視為最主要的「空頭觸發因子」。不過，只要物價持穩於 4% 以上的高檔，聯準會才可能重新轉向緊縮。根據 2024 年 10 月的觀察，至少未來一年內不太可能再次回到緊縮政策，因此股市在這段期間內仍有持續上漲的機會。

2025 年上半年，房租成本預計將對物價下行形成助

力，使得聯準會更有可能維持寬鬆基調。這樣的政策環境將有利於股市延續多頭格局。

回顧2022年，出現了違反經濟教科書預期的「非對稱現象」，名目薪資[27]雖然上升，但實質可支配所得卻反而下降。這是通膨高漲與薪資調整僵固性同時作用的結果，也是當年就業市場仍維持穩定的重要原因之一。

類似的情況也曾在1966年出現。當時即使經濟處於衰退階段，就業市場依然保持韌性。

2024年8月的失業率上升訊號，較可能是短期調整，而非真正的衰退徵兆。若聯準會自2024年9月起啟動的降息週期得以持續，2025年上半年有望看到就業市場的反彈。換言之，目前的就業疲弱更可能是短暫現象，而非結構性衰退。

展望未來，每當AI相關股票出現回檔，就會引發市場對AI泡沫的疑慮。但目前為止，尚未出現足以宣告AI投資熱潮結束的明確「觸發事件」。儘管現階段的AI熱潮在某些層面與2000年網路泡沫類似，但AI仍具備重大技術革新

---

27 譯按：指未經通膨調整的薪資金額，也就是薪資單上的實際數字。例如，一個人月薪為新台幣五萬元，這就是他的名目薪資。不過，名目薪資無法反映實際購買力。如果物價大幅上漲，而薪水沒有同步成長，即使名目薪資不變，實際上能買到的東西變少了，這就是實質薪資下滑。

的潛力,因此整體情勢不盡相同。

投資史告訴我們,泡沫不會單純因高估值而破裂,通常都伴隨外部衝擊因素。

例如,1998年共同創辦PayPal的彼得‧提爾(Peter Thiel)就曾指出:儘管AI熱潮可能過熱,但他對AI技術帶來的變革與機遇仍持樂觀看法。

回顧歷史,股市往往在景氣趨緩時出現強勁反彈。每當市場對衰退產生擔憂、國債殖利率下滑,股市常常反而出現上漲。市場對經濟降溫與物價穩定的期待,有時會成為股市的利多因素。

目前預期中的短期經濟放緩,有可能促使物價暫時回落,進一步成為支持股市上漲的訊號。

總結而言,雖然經濟前景偶有降溫疑慮,可能引發市場短線波動,但從長期來看,這些調整反而可能成為推動股市多頭延續的能量。

即使短期內就業與消費表現放緩,只要整體投資週期維持穩健,股市的上行趨勢仍有望持續。

美國政府的財政盈餘是股市利多？

美國的財政如果轉為盈餘、國債規模也開始下降，乍看之下像是正面的經濟訊號。但若深入檢視其對整體經濟的實際影響，會發現其中藏有一些相當耐人尋味的歷史模式。

我們常說對富人課稅的理由，是因為財富過度集中會干擾民主制度與市場機制的正常運作。當極少數人掌控龐大資產時，反而可能成為經濟衰退的導火線。因此，對高資產族群課稅，有助於經濟結構的穩定。

但問題在於：財政盈餘不一定等於經濟榮景。事實上，美國歷史上每當出現財政盈餘與債務減少的時期，反而往往伴隨著經濟衰退的發生。我們來看以下幾個關鍵歷史案例：

- 1817～1821 年：1812 年戰爭結束後，美國減少軍費支出、提高關稅收入，開始還債。但僅兩年後的 1819 年就爆發經濟蕭條。
- 1823～1836 年：透過保護性關稅與土地拍賣，成功清償全部國債，但 1837 年即爆發經濟危機。
- 1852～1857 年：靠鐵路建設帶來的稅收大幅減債 59%，但 1857 年爆發金融恐慌。
- 1867～1873 年：南北戰爭後進行稅制改革、清償戰

爭債務，1873 年出現經濟大崩潰。
- 1880～1893 年：透過西部拓荒與保護貿易政策削減逾半債務，1893 年再度爆發蕭條。
- 1920～1930 年：一次大戰後大力財政緊縮，結果 1929 年大蕭條來襲。
- 1998 年以後：柯林頓政府創造財政盈餘，卻成為 2001 年經濟泡沫破裂的前兆。

這些例子有個共同點：政府藉由增收與減支實現財政盈餘，但卻因緊縮過度壓縮了消費與投資動能，最終導致景氣下行。

換句話說，財政盈餘不代表經濟成長。當美國政府以「強勢緊縮」為手段達成財政平衡時，可能會意外扼殺市場動能、降低內需與企業投資意願，進而導致實體經濟與股市同步降溫。

財政赤字與通膨

在評估財政赤字對經濟的影響時，關鍵的指標就是——

通膨。

普遍的看法是：當政府支出過高，就可能導致通膨壓力上升。以 2020 年疫情期間為例，美國政府釋出了相當於 GDP 20％ 規模的財政支出，因此市場對於通膨的擔憂一度高漲。事實證明，到了 2022 年，美國出現了強烈的通膨浪潮，使得「財政擴張與貨幣供給會引發通膨」的理論，再次受到關注。

不過，通膨的成因並不只是貨幣供給增加那麼簡單，它其實也深受供應鏈瓶頸的影響。

當供應鏈尚未恢復、物流受阻時，就算市場有資金流動，商品與原物料的實際供給仍無法跟上需求，自然會導致物價上升。相反地，若供應鏈運作順暢，即使政府出現財政赤字、經濟成長快速，便僅會帶來有限且可控的通膨影響，較不可能重現 1970 年代那種失控的通膨高漲。

因此，美國政府在擬定財政支出政策時，應將焦點放在供應鏈的效率與復原力上，而非僅以「通膨風險」為唯一衡量標準。赤字本身不是問題，如何與實體經濟結構搭配，才是真正的關鍵。

美國通膨與強勢美元政策的未來走向

目前，美國經濟同時面臨長期結構性問題與短期經濟挑戰。其中，廣泛指出的主要問題是政府債務快速上升與經常帳赤字。

儘管如此，短期內爆發經濟危機的可能性並不高；甚至可以說，2022年的高通膨反而在某種程度上緩解了債務問題的壓力。

聯準會雖然專注於壓抑通膨，但美國政府很可能出於維持經濟成長的考量，選擇繼續擴張性的財政支出。換言之，政府可能將通膨目標設定在3%中段區間，這不同於聯準會希望的低通膨水準，而是試圖在「財政穩定」與「成長維持」之間找到平衡。

目前美國經濟運行的方式，是寬鬆財政搭配緊縮貨幣政策的組合，從內部來看，確實形成了相對穩定的成長結構。

但問題在於，這樣的體制容易催生「強勢美元」，進而導致全球貿易失衡與國內外經濟兩極化。雖然，強勢美元有助於壓低進口物價，短期內有利於穩定物價，但同時可能擴大經常帳赤字，因此美國不太可能長期維持強勢美元政策。

如果美國未來決心緩解國內外的經濟分化與社會兩極化問題,那麼政策方向將會轉向美元貶值。這將有助於提升美國製造業的出口競爭力,對全球經濟的復甦也會產生正面效果。然而,即便美國進入降息循環,若歐洲與中國等其他主要經濟體同步實施寬鬆貨幣政策,那麼美元是否明顯走弱仍存在變數。

值得注意的是,美國作為全球主要儲備貨幣國(基軸貨幣),擁有與眾不同的地位。而全球對美元的基本需求高度穩固,因此,美國可以執行其他國家難以嘗試的激進貨幣政策,這也讓美國在操作貨幣政策時,始終得以優先考量自身國益。

因此,若想判斷未來美元走勢,關鍵在於:美國政府與聯準會如何定義「國家利益」,並據此做出政策選擇。若降息趨勢持續擴大,美元可能轉弱,並為全球市場釋放更多資產價格上升與資金流入的機會。這將促進全球貿易與中間財輸出,有利於新興市場國家的製造業復甦與資本回流。

不過,我個人認為,美國的強勢美元政策,將完全依據「美國自身的需要」決定何時啟動與結束。這並非一種可預測的國際規則,而是美國純粹以國家利益為依歸的戰略性貨幣操作。

股市崩盤，聯準會將如何應對？

雖然目前美國就業市場呈現超乎預期的強勁，但若從中小企業的現況來看，可以觀察到經濟基本面出現了潛在變化。根據全美獨立企業聯盟的調查，中小企業的經營環境正變得愈發嚴峻。這意味著，美國經濟中一個關鍵部門正面臨日益增加的不確定性與挑戰。

儘管整體就業市場看似穩健，若深入分析全美獨立企業聯盟的就業指標，可以推測：中小企業的就業惡化趨勢，可能會延遲地反映在整體失業率的上升。尤其中小企業正面臨獲利下降、利率上升導致的借貸成本增加，顯示升息政策已經開始對實體經濟產生實質壓力。

那麼，如果未來真的發生經濟衰退，或因高通膨引發股市暴跌的情況，聯準會會袖手旁觀嗎？

我認為，這種可能性極低。

目前，美國有將近 9000 萬名民眾參與如 401(k) [28] 這類確定提撥型退休金計劃，而這些退休金的資產價值高度依賴

---

28 譯按：美國常見的退休儲蓄計畫，員工可從薪資中提撥部分金額投資，延後課稅，並由雇主提供對應提撥。

股市表現。一旦股市大幅下跌，不僅會對即將退休或已退休族群造成重大財務壓力，也將打擊消費者信心、抑制消費行為，進而對整體經濟構成負面影響。

尤其當 401(k) 帳戶淨值下滑時，將直接影響家庭的消費信心與支出意願，可能進一步削弱美國經濟的內需動能。因此，聯準會不太可能對股市的劇烈波動置之不理。

股市暴跌，意味著金融系統的不確定性提升與穩定性的削弱，聯準會與美國政府將極有可能採取積極應對措施。作為金融穩定的最後防線，聯準會有責任維持金融系統的整體穩定。在這樣的危機情境下，預料將會透過政策性干預手段介入市場、控管風險、穩定預期。

綜觀整體局勢，聯準會與美國財政部對於未來經濟走勢將持續審慎觀察與應對。包括利率政策走向、何時結束量化緊縮等決策，都將受到市場表現的重大影響。聯準會與財政部已將「維持市場穩定」列為最高優先事項，並準備好以積極的態度管理潛在風險，維護經濟與金融系統的健康與可預測性。

第七部

全球流動性將如何重塑？

第25章

美國的長期經濟戰略

目前美國在全球經濟中，正展開一套獨特的戰略組合，即一方面實施金融緊縮，另一方面又推動財政寬鬆。這種操作，不僅壓抑了其他國家的經濟增長，同時明確聚焦在提升自身的經濟成長率。它的核心目標早已超越短期的景氣調節，而是著眼於長期強化美國經濟體質。

美國對於名目 GDP 與實質 GDP 的成長表現出極度認真態度，這不單是聯準會的職責，更可視為整個美國政府的長期國家戰略。尤其在處理債務問題上，美國選擇以「擴大 GDP 總量」作為解方，展現出追求持續經濟成長的決心，而非僅僅依賴短期刺激。

為了推動這一目標，美國持續推出大規模財政支出，試圖打造半永久性的成長動能。這些投資並非為了短暫提振，而是為了構築長期穩健的經濟成長基礎。

2024 年，美國十年期公債殖利率的上升，實則反映出市場對美國經濟前景的樂觀預期，而非單純因應供需失衡或陰謀論驅動。特別是從 9 月起的利率上行，更顯示債市已撤回對經濟衰退的預期。

當然，從歷史來看，美債長期處於高評價階段，因此是否會持續升息仍難下定論。但有一點值得記住：逆著美國政府的政策走，從來都不是一件容易的事。

儘管未來，就如同 2024 年 4 月、7 月、9 月聯準會的決策，仍可能出現聯準會主動收緊流動性、讓經濟暫時降溫的階段，引發市場動盪與資產調整，但這些波動往往是短期現象。對於部分對沖基金與交易員而言，可能是獲利機會；但對一般投資人來說，這樣的市場時機進出風險極高。

因此，當前更安全且可持續的策略，是順著美國「強化經濟成長」的主軸來布局。雖然市場永遠處於變動中，且高估資產最終總有回調的一天，但同時，我們不能忽視那些「仍在萌芽的創新」力量。

這些創新背後，往往有美國政府的戰略性投資做後盾，進一步引導民間資金投入。2025 年，美國的設備投資將是拉抬經濟的關鍵，尤其集中在 AI、半導體、再生能源等未來產業。若這些創新形成長期趨勢，不僅將重新定價股票估值，更可能成為推動市場重估的觸媒。

總結來說，美國的長期經濟戰略，是透過政府投資與激勵民間創新來擴大成長潛能。投資人若能理解並順應這一結構性變化，更有可能在未來取得正向回報。

第 26 章

高通膨時代的
資產投資策略

美國仍處於高通膨壓力下，並正採取一套多元的經濟戰略因應。相較於過去的低通膨時代，高通膨環境下的經濟邏輯已經有顯著不同。聯準會的貨幣政策與美國政府的長期財政投資，成為關鍵支柱。

在這種環境下，聯準會的貨幣政策不再能「照表操課」，因為當前的決策往往落後於實際變化，這是因為政策仍高度依賴通膨數據作為判準。在低通膨時期，經濟成長與通膨呈現同步；但在高通膨時代，通膨本身就是影響資產價格與實體經濟活動的主因。若聯準會仍以落後指標來調整政策，將提高陷入停滯性通膨的風險。

包括聯準會主席鮑爾在內的決策者，皆多次強調只要通膨趨穩，就願意著手降息，目標是將基準利率降回「中性利率」約3％的水準。這也與目前預估到2026年以前利率路徑一致：一方面維持物價穩定，另一方面可以保障經濟的延續成長。

另一方面，美國財政部正透過大規模基礎建設與科技投資，推動長期經濟成長。像是《降低通膨法案》、《基礎建設法案》、《晶片與科學法案》等，都聚焦於潔淨能源與在地製造，藉此重建經濟韌性與產業競爭力。

2024年，美國能源部也宣布對全國電力輸配系統的重

大投資計劃,目的是為可再生能源提供穩定輸電基礎,並加強基礎建設對自然災害的抵抗力。

整體而言,聯準會與財政部之間正在形塑一種協作格局:以貨幣政策穩定市場,配合財政支出刺激產業升級,並壓抑債券市場的波動。這種結構性協調,成為推動美國經濟續航的雙引擎。

未來若通膨持續下降,利率逐步調降,將有利於股市表現,並為經濟擴張創造有利環境。然而,資產價格過快上漲也可能反過來推升通膨。因此,政策制定者需持續在「壓抑過熱」與「維持成長」之間取得微妙平衡。

值得注意的是,一旦進入 2025 年,美國聯準會可能會為支持政府財政計劃,選擇提前結束量化緊縮政策,甚至不排除啟動「殖利率曲線控制」(YCC)等非常規工具。若真如此,這將是美國明確釋出「重經濟、輕通膨」的訊號。

總結來說,在高通膨時代,了解聯準會與財政部的長期政策方向,將成為資產配置與投資決策的核心關鍵。真正的風險,不是通膨本身,而是錯誤解讀政策訊號。

第 **27** 章

美國經濟政策對全球經濟的影響

美國與全球各大經濟體，正透過各自的金融與財政政策促進國內外的經濟穩定與成長。這些政策看似各自獨立，實則緊密連動。尤其是由於美元作為全球主要儲備貨幣的地位，聯準會的政策往往會對其他國家的中央銀行，產生連鎖影響。

舉例來說，雖然，歐洲央行與日本央行（BOJ）各自推行獨立的貨幣政策，但通常會受到聯準會政策方向的牽動。

美元在全球金融體系中扮演樞紐角色，使得聯準會的緊縮或寬鬆政策，往往也會反映在歐洲央行與日本央行的決策上。由於歐洲與日本都高度依賴美國利率與匯率的穩定，因此兩者經常會透過政策協調來因應市場波動。

尤其，美國與歐洲這類「核心貨幣國家」的貨幣政策，會牽動全球資金流向、匯率變化與利率走勢，進而對新興市場與其他國家造成廣泛影響。例如，美國升息往往導致新興市場資金外流；反之，降息則可能推高全球資金動能、帶動風險資產市場上漲。

與此同時，財政政策雖多以內需與就業為核心，例如美國政府推行的支出擴張或財政緊縮政策，主要目的是提振國內經濟、創造就業與擴建基礎建設。雖然也會間接影響全球貿易與供應鏈，但其基本著眼點仍是強化美國本土經濟。

值得注意的是，美國的財政政策有時也會因應像中國這樣的競爭國動態，而調整強度。當中國經濟放緩或競爭力減弱時，美國可能加大內部經濟刺激力度，藉此強化整體國力。此外，美國的金融寬鬆政策本質上，是為了在全球景氣變化中重新加速自身經濟。

在過去，外國央行會為了穩定本國貨幣幣值、維持匯率穩定，而大量購買美國國債。但近年來，由於聯準會升息與美元走強，這類動機已明顯減弱，進而導致外國央行購債需求下降。

然而，若聯準會在 2025 年繼續降息，此一趨勢有可能再度逆轉，促使外國央行重新啟動美債購買計劃。這顯示出：美國利率政策變化，會對全球債券市場構成結構性影響。屆時，美債主要買家的變化，將可能改變整個市場生態，投資人應密切關注債券標售動態，以及信用評等機構的動向。

此外，美國勞動市場中移民人口的快速增加，也對抑制通膨發揮了下行壓力。

自 2020 年 4 月以來，美國就業市場中的外籍人口增加超過 500 萬人，尤其在 2022～2024 年間快速流入。這些新增移民對薪資成長幅度形成壓力，進而對穩定物價產生正面

影響，並在整體勞動市場中扮演關鍵角色。

綜觀而言，美國的金融與財政政策已對全球經濟產生深遠影響。聯準會的利率調整改變了全球資金流向，而美國政府的財政政策雖以內需為主，卻同樣牽動全球貿易與資源配置。尤其未來幾年，美國的金融與財政政策路徑，將直接影響外國央行、機構法人與個人投資人是否續抱美債或調整資產配置。

因此，若能深入解析美國在「金融緊縮與財政寬鬆」下的各項政策操作與全球回響，我們將能更清晰掌握未來世界經濟的脈動，與資產價格的潛在變動方向。

第**28**章

掌握時機與市場週期至關重要

所有投資成功的關鍵,都在於掌握精準的時機。能否正確判斷進場與退場的時間點,並在最適當的時刻做出行動,是投資成敗的核心。

即使是一家非常優秀的企業,在投資情緒低迷、市場處於弱勢時期,仍可能無法獲得合理的評價。像是輝達、微軟、Google 這些引領技術創新的企業,即便本身體質再強,但若市場情緒無法支撐,也難以實現預期中的報酬,這就是投資市場的現實。

因此,若說「好的投資標的」與「正確的進出場時點」是成功的兩大條件,那麼掌握整體市場的流動趨勢與投資情緒變化,同樣是不能忽視的重要因子。

回顧過去的市場變化,景氣的上升與下降大多受到經濟基本面與金融衝擊的影響。舉例來說,1995 年到 2008 年整體來看是一段多頭市場,但很多人誤以為上漲是從 1999 年才開始的。

實際上,早在 1991 年初,市場因過熱導致結構性調整,加上新股上市數量大增,市場在 1994 年前經歷了一段下修期。

之後,從 1995 年起才逐步開始回穩。1997 年雖因東亞

金融風暴，像韓國與東亞股市出現劇烈下跌，但到了 1999 年，在科技產業強勁成長的帶動下，市場出現大幅反彈。

然而，2008 年金融危機的狀況則有所不同。當時市場已處於高度過熱狀態，加上金融層面的突發衝擊，讓市場直接進入結構性下行階段，因此衝擊力道更為劇烈。

2022 年的情況與此略有相似，但存在重要差異。2022 年所發生的金融衝擊，是發生在結構性上升期的中後段。當時市場雖然出現過熱跡象，但許多企業仍具備穩健的財務基礎，因此這場衝擊反而可能成為「中繼修正」，為後續的另一波上升趨勢鋪路。隨著時間推移，那些曾被忽視的企業開始重新受到矚目，也有可能促成新一輪的上漲行情。

投資人應當理解，市場是在「榮景」（boom）與「崩盤」（bust）之間反覆循環的。這個循環往往從資產被低估、資金開始大量湧入時啟動，直到流動性逐漸收縮、資金撤出為止。一旦資金退潮，投資人開始拋售資產，就會引發市場修正，資產價格也會隨之大幅下跌。

在市場過熱時，樂觀預期充斥整個市場，但這往往正是「崩盤階段」即將開始的前兆。舉例來說，當美國財政轉為盈餘時，反而有可能成為市場即將進入下行階段的信號。雖然，財政盈餘代表經濟處於強勢階段，但同時暗示了政府開

始從民間吸收利潤，經濟可能已達到高點。

　　投資的本質，就是掌握時機的藝術。理解市場的循環週期，分辨出結構性多頭與短期金融衝擊，是所有策略判斷的起點。善用適當的進出場時點，才能有效放大報酬率。對於每一位投資人來說，這正是左右投資勝敗的最關鍵要素。

第 **29** 章

美國的全球地位與霸權能維持多久？

根據橋水基金創辦人達利歐在其著作《變化中的世界秩序》（*Principles for Dealing with the Changing World Order*）中，所提出的「帝國分數」（Imperial Score）概念，一個國家的霸權地位是由經濟、軍事、社會、科技等多種因素組合而成的。美國在這些核心指標中皆獲得高分，至今仍穩坐全球霸權國家的位置。

擁有像矽谷這樣的尖端科技重鎮，美國在 AI、半導體、生物科技等關鍵技術領域，持續保持高分。這種創新能力，是長期維持霸權不可或缺的基礎。

美國以紐約為中心，主導全球金融體系，美元至今仍是國際主要儲備貨幣，這正是美國強大經濟影響力與全球主導地位的關鍵。

在軍事方面，美國依然是世界最強大的國家之一。軍事實力是維持霸權的重要支柱，美國的軍事力量在維繫全球安全上扮演著核心角色。

為了鞏固經濟自主並在與中國的經濟競爭中維持優勢，美國積極推動「製造回流」與保護主義政策。這些策略，透過鼓勵高端製造業與投資高附加價值產業，強化國家競爭力，展現出高度戰略性思維。

為了維持霸權地位，美國正同時推進半導體產業培育、產業回流、技術創新與軍事力量擴張等多元策略。這些作為不只是為了經濟利益，更是為了提升國際影響力與保障國家經濟安全，具備結構性、必要性的地緣戰略考量。

　　此外，由諾貝爾經濟學獎得主艾塞默魯與羅賓森合著的《國家為何會失敗》一書中，也提出一項關鍵觀點：一個國家的經濟規模取決於技術、勞動力與制度這三大要素。這個觀點，為我們理解國家成功與失敗提供了深刻洞見。

　　其中，技術是經濟成長的核心動力。一旦開發出新技術，生產力便能顯著提高，並對整體經濟產生深遠影響。農業時代透過機械與灌溉技術大幅提升農產量；工業革命時期，蒸汽機、電力與鋼鐵技術顛覆了傳統生產模式，引領大規模工業化。如今，資訊科技與 AI 正在各個產業中引領創新，為全球經濟創造出全新價值。同樣地，疫苗研發或基因編輯技術不僅改善人類健康，也帶來龐大的經濟影響。

　　勞動力是國家經濟的基礎。勞動人口的素質與數量，直接左右一國的經濟表現。雖然人口規模龐大與否會影響經濟活力，但「人口多」並不等於「一定成功」。只有透過教育與技能訓練，提升勞動力品質，才能驅動技術創新並投入高附加價值的產業活動。20 世紀後期的韓國就是典型例子，

透過大規模的教育投資,培育出大量熟練勞動力,成功締造「漢江奇蹟」。儘管人口規模不大,仍能憑藉高度的教育與專業力,躍升為全球經濟重鎮。

制度,則是讓技術與勞動得以正常運作的「作業系統」。健全的制度能創造一個鼓勵創新、努力與公平競爭的環境。當法律與經濟機會平等時,便能激勵投資、創業與技術突破,是經濟成長的根本條件。反之,若由少數權力集團壟斷財富與資源,社會大多數人將失去參與經濟活動的動機,導致整體經濟陷入停滯。

例如,北歐國家透過健全法治與全面社會福利制度,成功兼顧經濟穩定與創新活力;而部分非洲國家雖擁有豐富的天然資源,卻因政治腐敗與制度不穩,無法擺脫貧窮困境。

經濟發展並非靠技術、勞動或制度單獨運作即可,這三者之間必須形成有機整合,才能產生綜效。譬如,若技術發展迅速,卻缺乏受過良好教育的勞動者,科技無法發揮作用;若勞動力素質夠高,但制度不公,則會壓抑創新;再進一步說,就算制度設計完善,但科技發展停滯,生產效率也無法提升。

最終,一國的經濟規模與成長潛力,取決於這三項要素能否協調共振,形成正向循環。

成功的國家，往往是在技術、勞動與制度三方面都達到最佳化配置；而失敗的國家，則常在這三者中有一項或多項嚴重失衡。從這個角度來看，我認為美國的霸權仍具有延續性。這不只是因為美國本身的實力強大，更是與其他競爭對手相比所展現出的明顯優勢所致。

　　目前，美國仍然在經濟、軍事與技術等核心競爭力上維持良好平衡，並藉由三者之間的相互支撐，進一步鞏固其作為全球領導者的地位。

第 **30** 章

美國政府主導的計劃經濟與變革時代

讀完卡爾·博蘭尼所著的《鉅變》，讓我印象深刻。書中犀利地批判了一種「神話」，即市場秩序可以靠自發性的調整來維持。自由放任的經濟政策曾讓人相信，它能保護個人的自由並帶來繁榮，但博蘭尼主張，這種制度實際上導致了對個人自主性的侵害。

經濟學家如弗里德里希·海耶克（Friedrich August von Hayek）則警告：一旦否定自由放任，就可能滑向法西斯主義（Fascism）[29]，堅稱唯有自律的市場經濟才能保障人的自由。然而，博蘭尼的觀點正好相反。他認為，自由放任會破壞社會關係，把勞動與土地變成商品，結果就是：若無國家介入，市場秩序根本無法持續。

觀察當代社會結構，不論是產業、政治、教育、家庭還是宗教，幾乎每個領域都在一種機械化秩序下運作，個人的真正自由也因此逐漸被壓縮限制。自由主義雖然保障形式上的自由，卻製造出無法滿足實質自由與社會福祉需求的機械化社會體系。博蘭尼預言，自由放任可能導向像法西斯那樣的威權體制，這樣的說法，似乎已在新自由主義秩序下日益擴大的不平等中成真。

---

29 譯按：一種極權主義政治體制，強調國家至上、集體主義與民族主義，並由領袖集權統治。反對自由主義、共產主義與民主制度，常透過暴力、宣傳與壓制異議維持統治。

如今,「自律市場」之所以成為問題,不僅源自經濟失衡。當自由市場在缺乏政府監督與規範的情況下運作時,特別是那些成長潛力大的企業,一旦獲得國家資源扶持,就會進一步強化其市場壟斷地位,使得社會資本集中於少數企業手中,最終導致社會不平等更加嚴重。這樣的情形,與現代經濟中,政府集中支持特定產業、而某些企業擴大其壟斷地位的現象不謀而合。

在這樣的架構下,若金融資本主導整體經濟,就可能帶來生產力下降與經濟自主性的弱化。大眾對華爾街的批判、對製造業再啟動的期待,反映出人們對新自由主義經濟秩序的失望,也透露出渴望結構性轉變。這些聲音最終演化為對金融化的反抗,以及藉由重振製造業,對資本主義制度發出的根本性改革訴求。

川普之所以能藉由強調「生產重於資本壟斷」的政策獲得群眾支持,正反映了人們對資本主義弊病的反彈。美國歷來就為了自身利益,持續調整國際規則,例如布雷頓森林體系、尼克森衝擊、廣場協議等,這些做法也與經濟民族主義概念不謀而合。

就像我一再提到的那樣,美國正逐步轉向「政府主導型計劃經濟」,這種路線的推進其實也符合美國歷史上,一貫

依照本國利益來重新塑造全球規範的行事邏輯。

美國比我們想像的還要大膽。表面上高喊包容與寬容，但其實骨子裡比任何國家都來得果斷與冷酷。當美國選擇幫助某人時，那是因為「幫助對方對自己有利」，我們必須看清這一點。

1929 年經濟大蕭條自美國爆發，迅速波及全球，帶來極大的經濟混亂。為了減輕這場衝擊、重建經濟體質，美國實施了「新政」政策，但這並未立刻帶來繁榮。

當經濟似乎漸有起色時，1937 年景氣復甦趨緩，美國再次陷入經濟衰退。直到第二次世界大戰爆發，美國轉向戰爭經濟，製造業與軍工產業迎來爆發性成長，徹底扭轉了經濟局面。

1945 年戰爭結束後，歐洲陷入嚴重毀壞與經濟崩潰。美國與蘇聯崛起為新的霸權國家。為了重建戰後工業，歐洲急需美國支援。美國透過「馬歇爾計劃」（Marshall Plan）[30]，投入相當於 GDP 5％的鉅額資金協助歐洲復甦。這項計劃不僅幫助世界從大蕭條與戰爭創傷中恢復，更奠定了全球經濟穩定的基礎。自此，美國登上世界經濟舞台的中

---

30 編按：官方名稱為歐洲復興計劃，美國於二戰後為重建歐洲所推行的大規模經濟援助方案，自 1948 年起提供超過 130 億美元給西歐國家。

心,成為真正的全球霸權。

儘管金本位制度已消失,如今的經濟體系卻變成由資產市場與金融系統主導的結構。隨著金融資本壟斷經濟領域,生產效率下降、社會整合能力也逐步衰退。對華爾街壟斷體系的批判聲浪,以及對製造業復興的呼聲,正指出新自由主義已走到極限,反映出這並不只是經濟問題,更是對資本主義秩序本身的根本反思與挑戰。

川普提出的「美國優先」與對資本壟斷的批判,其實就是對資本主義弊病的反撲。在經濟民族主義邏輯下,美國一再將布雷頓森林體系、廣場協議等國際規則,調整為對己方有利的版本。美國從未真正信守某種全球合作的共同規範,而是根據本國政治與經濟利益,不斷重新定義「規則」。這種做法也構成了當前美國孤立主義傾向的延續。

這一連串的全球經濟秩序變化,其實正是大蕭條、第二次世界大戰,以及其後多次經濟衝擊所共同作用的結果。當自由放任的經濟政策無法解決社會的根本問題時,便可能催生出類似法西斯主義這樣的極端政治體制。而我們今日面對的經濟不平等問題,正是重新反思這一歷史教訓的契機。

第 31 章

美債問題與
全球經濟未來

美國的政府債務問題，不只是國內的挑戰，更可能對全球經濟秩序造成深遠影響。儘管目前美國的國家債務比率已達歷史高點，但短期內出現債務違約危機的可能性仍然不高。然而，若國債殖利率急遽上升，或市場信心出現動搖，美國經濟可能面臨預料之外的衝擊。

部分觀點認為，美國聯準會可能再次實施量化寬鬆等寬鬆貨幣政策，但就目前的政策基調與經濟情勢而言，這種可能性似乎偏低。

與此相比，在新一屆政府上台之前，較為可能的情境是：長期利率上升，殖利率曲線變得更加陡峭，而這將為金融市場帶來相當程度的波動。

在這樣的情況下，美國將如何應對政府債務問題？這不僅涉及經濟領域，更需要綜合考量政治與社會層面的影響，是極其重要的課題。

美國的政府債務之所以急遽增加，是由於社會福利支出、軍事費用，以及為避免經濟衰退而擴張的財政政策所致。這一現象揭示：為了克服經濟危機，政府介入市場的必要性，與維持市場自主性的基本原則之間的矛盾與衝突。

如何在市場的自律性與政府干預之間找到平衡，是美國當前最棘手的課題之一。

實際上，美國可採取的債務解決方式，主要可分為以下四種路徑。

一，遵循市場原則，透過緊縮政策削減債務

這種策略主要包含以下幾個方向：首先，提高利率以提升國債殖利率，讓美國國債重新吸引投資人，藉此恢復市場對國債的需求。高利率是重建債券市場信任的有力工具，有助政府穩定地管理債務。但利率上升同時也會抬高企業與家庭的借貸成本，導致經濟成長放緩的風險。

其次，削減不必要的政府支出。這可能涉及社會福利、軍事預算與基礎建設投資等大規模刪減。此舉有助於減少財政赤字，長期而言對縮減債務有貢獻。然而短期內，開支刪減可能引發社會動盪與經濟衰退的風險。

最後，縮減公共服務與社會福利計劃，直接減輕政府財政負擔，例如削減醫療、教育與失業補助等福利政策。雖然在短期內能改善財政狀況，但也可能削弱社會安全網，使中低收入階層承受更大壓力。

這樣的做法存在嚴重副作用，特別是對中產階級與低收入群體而言，經濟不平等與生活困難將更加明顯，進而引發社會反彈與政治動盪。1920～1930年代大蕭條時期美國曾實施緊縮政策，其結果是失業惡化、經濟復甦遲緩，便是一大警訊。

二，積極的政府介入政策

這類策略重點在於強化社會保護機制，並透過推動名目GDP成長降低債務比率。核心作法如下：

首先，適度的通貨膨脹能推升名目GDP。中央銀行可透過維持寬鬆的貨幣政策引導溫和的通膨，進而提升經濟總體財富，相對降低債務負擔。

這種策略不需直接削減債務，而是藉由擴大經濟規模穩定債務比率。不過，若通膨過高，則可能導致購買力下降與市場扭曲，因此政策操作必須極為細膩。

此外，也可由政府主導進行大規模財政投資與提升生產力的政策，例如推動基礎建設、新再生能源、科技創新等領域的投資，提升總體生產效率，同時活化就業市場。

這類政策可雙軌並進，兼顧經濟穩定與成長，特別能促進中低收入者的經濟參與。雖然，政府主導的經濟重組短期成本高昂，但長期來看有助於改善經濟體質，實現可持續的成長。

最後一項政策工具，是透過壓低利率並延長償債年限降低償債壓力。例如調整債務到期結構，延長新發國債的年期，藉此緩解短期財政壓力。債務期限分散的作法，不僅有助於建立「美國政府有能力穩健管理債務」的市場信心，也能為經濟創造更多穩定成長的緩衝時間，最終降低實質債務負擔。

從歷史上來看，這類政府介入政策曾在 1930 年代新政或第二次世界大戰後的福利國家興起中，帶來正面成果。然而過度干預市場，亦可能導致效率低落，進而損害長期的經濟成長潛力。

三，民間大型企業主導的美國債務解決戰略

過去共和黨所推崇的「小政府」（small government）模

式，主要是透過縮減政府角色、仰賴市場自律運作。然而，在川普 2.0 時代的美國，預期將不再只是單純的政府縮編，更可能採取一種「計劃性的民間主導型政府模式」。

這種新模式的核心在於──政府盡量減少直接干預，改由誘導民間大企業積極參與，讓它們成為推動公共基礎建設與技術發展的主體，進而構築一套系統性的運作架構。

這類作法在歷史上早有先例。例如 19 世紀末，洛克斐勒（Rockefeller）的標準石油公司（Standard Oil）便是典型案例。當時，美國政府尚無能力建立全國性的能源基礎設施，但洛克斐勒透過私營壟斷的方式，建立完善的石油精煉與物流體系，不僅確保能源供應的穩定，也減輕了政府的財政負擔。由民間主導基礎設施建設，進而提升公共服務效率的模式，由此展現成效。

20 世紀初，福特（Ford）與通用汽車（GM）的例子同樣值得關注。兩家公司透過大規模生產體系普及汽車，不僅推動消費市場擴張，也帶動政府稅收自然增加，間接減輕政府的財政壓力。這是民間創新與經濟自發性成長，為政府財政帶來正面影響的代表性案例。

在軍工產業領域，民間與政府的合作模式亦展現出高度成功。冷戰時期，洛克希德馬丁（Lockheed Martin）、波音

（Boeing）、雷神（Raytheon）等軍火公司，成為國防產業的中樞力量。這些企業不僅減輕了政府在國防預算上的壓力，還創造就業與促進技術創新。這類民間主導型的軍工模式成功達成兩大目標：降低政府財政負擔，同時提升高科技實力與產業競爭力。

這些歷史案例帶來一個明確的教訓：若由民間大型企業主導基礎設施投資、生產體系創新與技術開發，不僅可以緩解政府財政壓力，還能促進整體經濟增長。換言之，透過有效的角色分工，最大化民間創新的能量，有望提升整體國家經濟效率。

川普 2.0 時代的小政府構想，不再是簡單地「削減政府功能」，而是透過政府與民間重新劃分角色，提高政府的效率並降低財政負擔。

在這個模型中，政府將扮演設計規範與提供誘因的協作者角色，促使民間大型企業自發投入關鍵領域。

具體而言，民間企業將主導基礎建設建設、生產體系革新與尖端技術開發，政府則透過法規設計與誘因機制，提供制度上的支援與引導。

最終，這種由民間大企業主導的全新小政府模型，將可

能成為解決美國政府債務問題與實現經濟成長的雙重戰略。過往的資本主義強調市場自律為主，而未來的經濟典範，將更傾向於計劃性民間介入與市場自律並行的混合式模式。

四，透過加密貨幣解決美國債務的情境分析

最後，我想提出一種聽起來可能較為激進的假設情境。近來，美國有意將比特幣（Bitcoin）等加密貨幣作為解決政府債務問題、同時重塑全球經濟秩序的戰略性工具，此動向愈來愈受關注。

過去，川普總統曾將比特幣視為挑戰美元地位的資產，立場偏向負面。然而，現今態度有所轉變，比特幣反而可能視為強化美元體系的一種手段，並受到較為正面的政策審視。這種轉變反映出美國意圖透過比特幣，作為全球數位資產的核心，來擴張其經濟與外交影響力的戰略思維。

目前，美國政府正積極推動比特幣納入正式金融體系。具體例子包括：比特幣 ETF 於那斯達克掛牌上市，以及貝萊德等大型金融機構開始大規模增持比特幣。這些舉措都揭

示了，美國正試圖將比特幣由單純資產，轉化為數位版美元的延伸應用。

然而，與比特幣相比，在美國未來經濟戰略中扮演更關鍵角色的，其實是穩定幣（Stablecoin）。

穩定幣的特性在於：每一單位代幣的發行，需等值抵押法定貨幣或美國國債。發行商透過購入美債作為儲備資產，不僅確保穩定性，更能在高利率環境中獲得無風險利息收入。例如，截至 2024 年第三季，穩定幣龍頭 Tether 公司的累積淨利高達 77 億美元，甚至超越同期間貝萊德的 57 億美元淨利，展現其盈利潛力與資產安全性。

一旦美國政府放寬對穩定幣的監管，大型科技公司如 Apple、Google、亞馬遜等預期將積極進場。這些科技巨擘本就擁有全球支付網絡、龐大用戶數據、AI 技術等關鍵資源，一旦將穩定幣整合至 Apple Pay 或 Google Pay 等支付系統中，便能迅速擴大使用規模，並藉由支付手續費、儲值金運用等方式，創造可觀利潤。

而穩定幣的普及不僅能穩定美債需求、提升國債市場的流動性與穩定性，對於正面臨財政赤字快速擴張、國債發行不斷增加的美國政府而言，等同找到了一群新型的「穩定購買者」。

更進一步，若穩定幣成為全球主流數位支付工具，將有助於維持美元的國際主導地位，將更進一步強化美國金融體系的全球競爭力。

在川普 2.0 時代，比特幣與穩定幣不再只是去中心化的數位資產，而是有望成為美國經濟戰略的核心支柱。比特幣將作為全球數位資產工具，擴展美國在國際舞台上的話語權；而穩定幣則透過背後的美國國債，鞏固美元與美債在全球金融市場中的需求基礎。

這樣的戰略路徑，是一次結合自由主義傳統、市場導向邏輯與全球霸權維持手段的大膽嘗試。

回顧歷史，經濟與金融體制的重大變革，往往伴隨深刻的國際秩序重組，例如布列敦森林體系的建立與解體、尼克森衝擊，以及石油美元體系（Petrodollar System）[31] 的崛起，皆為關鍵轉捩點。

如今，我們或許正處於一個看似與過去歷史相似的金融轉捩點，只不過，這一次的主角是比特幣與穩定幣，它們正迅速走向全球金融架構的中樞地位。

---

31 譯按：自 1970 年代初以來，全球原油交易普遍以美元計價與結算。這是美國與沙烏地阿拉伯於 1974 年達成的一項協議核心內容，美國提供軍事保護與技術支援，沙國則承諾在全球石油市場上只使用美元交易。之後，石油輸出國組織（OPEC）多數成員國也跟進。

未來，美國政府與科技巨頭若聯手打造新型態的虛擬貨幣生態系統，不僅有可能重新定義全球支付體系，也將開啟一場關於主權、貨幣與權力的全新競賽。篇幅所限，關於加密貨幣的更多延伸論述暫不展開，先點到為止。

後記

站上新經濟秩序的轉捩點

現在,這本書也將迎來終章。美國會選擇哪一種方式處理龐大的國債問題,勢必對全球經濟產生深遠影響。或許未來發展會超出本書預測的所有路徑,但有一點可以確定:美國的政策變化絕不會只影響到美國,而是牽動全世界的經濟板塊。

最終,這場關於債務的解法將回歸到一個核心議題:市場自律與國家介入之間的平衡。過度依賴市場,可能導致社會不平等與經濟不穩;而過度依賴國家干預,則可能侵蝕市場效率與自由。找到這個微妙的平衡點,才能同時守住社會穩定與經濟成長。

美國這場債務重組，會成為全球經濟體系的重大轉捩點。從美元的霸主地位，到金融架構的再設計、國際貿易秩序的重構等，這些都將在未來數十年間，持續定義世界的經濟樣貌。

我們正站在新經濟秩序的轉捩點。這場變局中，美國將試圖維持自由與市場主體性的同時，搶占數位金融時代的主導權。而這不僅是一場技術與制度的改革，更將為新的世界經濟框架，奠下基礎。

也因此，我想趁此機會，向每一位讀完這本書的讀者傳達一段內心話。

在完成本書結尾的 12 月中旬時，我接到了升遷的消息。從過去習慣被稱為「成尚炫科長」，到今天更上一層，這個突如其來的好消息對我來說意義非凡。更重要的是，我想向你證明：如果你真的熱愛自己所做的事，並且不白白浪費任何一天，那麼你所累積的一切，終將開花結果。

比起單純「賺錢」，我更相信「靠自己喜歡的事賺錢」，才是真正持久且值得的方式。因為唯有這樣，人生才可持續，成長才有動力。未來我也會繼續全力以赴地活著，也希望你我能成為彼此的支持者，給出正向的能量，共同見證彼此的成長與成功。

這一路研究美國的經濟路徑,也讓我不禁思考起自己的未來。當每個人的努力累積起來,就會讓企業的競爭力上升;當企業更強,國家的競爭力也會水漲船高。唯有我們自己先改變,改變才會發生在這個國家。

我相信韓國一定辦得到。我們絕對有能力,一起走向更好的未來。

最後,我想將最深的感謝獻給對我最重要的人們:我的妻子與兒子「延宰」,你們一直是我最溫柔、最堅定的後盾。還有資產運用本部的所有夥伴,以及每天一起奮鬥的同事與主管們,感謝你們一路以來的陪伴與信任。

也祝福所有讀完這本書的你——2025 年不只是投資順利、獲利滿滿,更願你擁有健康與幸福,充實且踏實地走過接下來的每一天。

這個週末,我一邊聽著孩子吹著口哨,一邊寫下這篇最後的段落。儘管背景有些吵鬧,但我知道,這個瞬間會成為我人生中一段溫暖又閃亮的回憶。

미국투자 메가 사이클
불확실성을 뛰어넘는
트럼프 2.0 시대 부의 시그널

美股投資大週期
從關稅、美債、升降息到AI浪潮，解讀川普2.0時代的致富訊號

作　　者	成尚泫		出　　版	感電出版	
譯　　者	呂昀蔚		發　　行	遠足文化事業股份有限公司	
編　　輯	賀鈺婷、呂美雲			（讀書共和國出版集團）	
封面設計	Dinner		地　　址	23141 新北市新店區民權路108-2號9樓	
內文排版	邱介惠		電　　話	0800-221-029	
			傳　　真	02-8667-1851	
副 總 編	鍾顏聿		電　　郵	info@sparkpresstw.com	
主　　編	賀鈺婷				
行　　銷	黃湛馨				

미국투자 메가 사이클
The mega-cycle of US investment
Copyright © 2025 by 성상현 (SUNG, SANG HYUN, 成尚泫)
All rights reserved
Complex Chinese copyright © 2025 Spark Press, a division of
WALKERS CULTURAL CO., LTD
Complex Chinese translation rights arranged with Book21 Publishing
Group. through EYA (Eric Yang Agency).

印　　刷	呈靖彩藝有限公司	
法律顧問	華洋法律事務所　蘇文生律師	
ISBN	9786267523490（平裝本）	
	9786267523438（EPUB）	
	9786267523445（PDF）	
定　　價	500元	
出版日期	2025年9月（初版一刷）	

如發現缺頁、破損或裝訂錯誤，請寄回更換。
團體訂購享優惠，詳洽業務部：(02)22181417分機1124
本書言論為作者所負責，並非代表本公司／集團立場。

國家圖書館出版品預行編目(CIP)資料

美股大週期：赤字是策略、債券是武器、AI是增值槓桿、穩定幣是國力出口，川投顧沒說的經濟佈局／成尚泫著；呂昀蔚譯. -- 新北市：感電出版：遠足文化事業股份有限公司發行, 2025.09
336面；14.8×21公分

譯自：미국투자 메가 사이클：불확실성을 뛰어넘는 트럼프 2.0 시대 부의 시그널

ISBN 978-626-7523-49-0（平裝）

1.CST：財政政策　2.CST：總體經濟　3.CST：經濟政策　4.CST：美國

552.52　　　　　　　　114006048

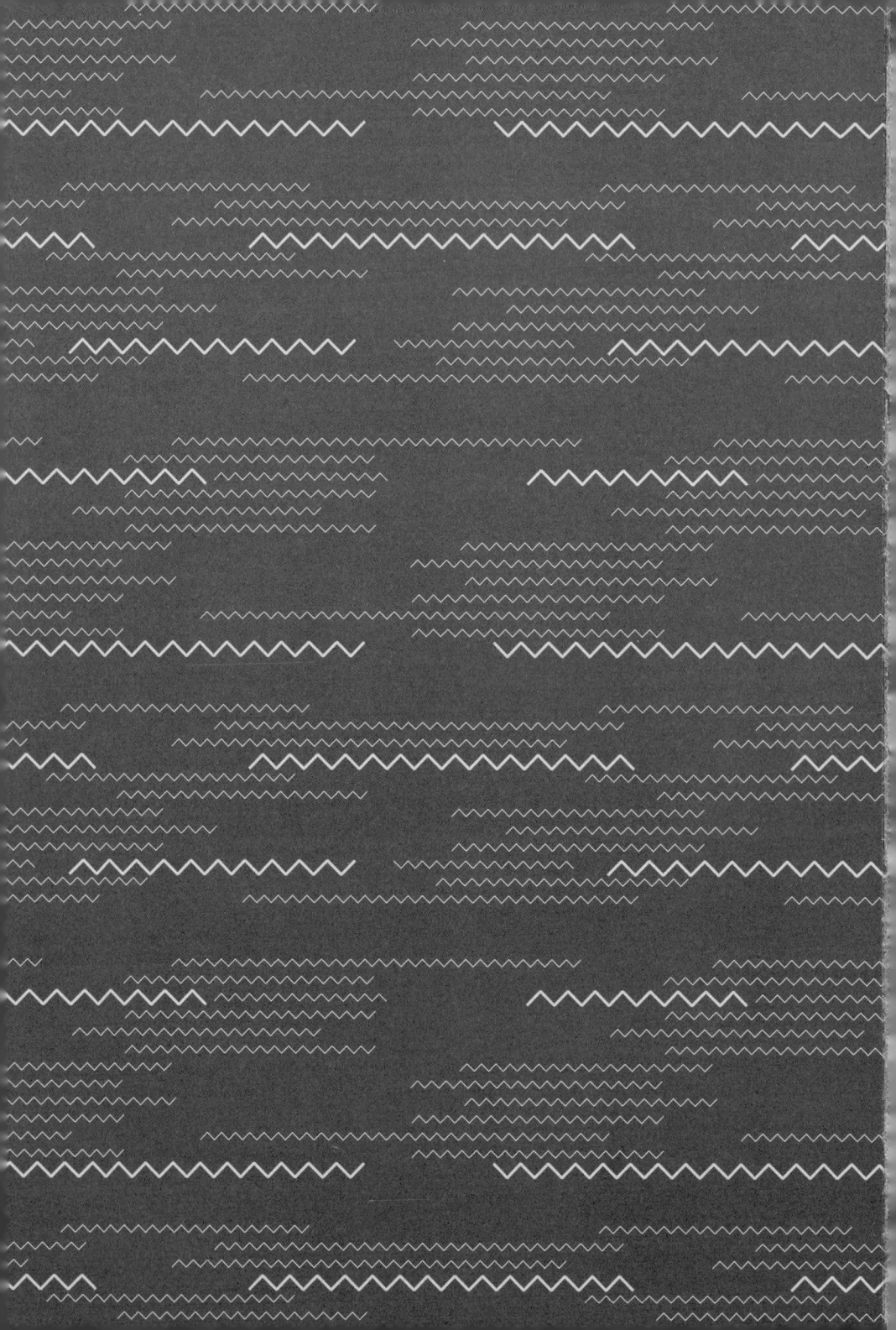